»IL CAMMEO«

VOLUME 616

STORIE DI SFIGATI che HANNO SPACCATO IL MONDO

presentato dalla pagina Facebook
Se i social network fossero sempre esistiti

LONGANESI

PROPRIETÀ LETTERARIA RISERVATA
Longanesi & C. © *2019 – Milano*
Gruppo editoriale Mauri Spagnol

www.longanesi.it

ISBN 978-88-304-5332-6

I edizione ottobre 2019
II edizione dicembre 2019

Illustrazioni di Marco Pavesi
behance.net/marcopavesi

Per essere informato sulle novità
del Gruppo editoriale Mauri Spagnol visita:
www.illibraio.it

Storie di sfigati
che hanno spaccato
il mondo

*A tutti gli sfigati di ieri,
di oggi e di domani.*

Introduzione

Cari amici,
benvenuti tra le pagine di questo libro. Alcuni di voi ci hanno conosciuto sul web, attraverso le paradossali conversazioni della pagina Facebook *Se i social network fossero sempre esistiti*, con alcuni ci siamo già incontrati tra le righe dei *Grandi classici riveduti e scorretti*, altri ancora non ci conoscono affatto. Poco importa. Ciò che segue a questa introduzione è un'altra grande avventura, che stavolta ci porterà nella tortuosa esistenza di venti sfigati che hanno spaccato il mondo.

Considerando che se siete arrivati fino a qui si suppone che almeno il titolo lo abbiate letto, lasciateci mettere le mani avanti come quelli che ballano la macarena e fare una precisazione. Chi mai, apparentemente, si sognerebbe di dare degli «sfigati» a figure leggendarie come Freddie Mercury, Frida Kahlo, Vincent van Gogh o Marilyn Monroe? Nessuno. Ma il punto è che ciascuno di loro, come gli altri protagonisti del libro, ai suoi tempi è stato un individuo «fuori posto», un disagiato senza speranza. Eppure questo non ha impedito loro di lasciare un segno indelebile nel mondo, diventando un esempio per tutti quelli che almeno una volta nella vita si sono sentiti chiamare «sfigati». Amici sfigati, a voi – a noi – è dedicato questo libro.

Sei sfigato a scuola quando non hai una buona media, quando non sei proprio una bellezza, quando non hai gli amici giusti, quando con gli altri proprio non ci sai fare. Da adulto sei sfigato anche quando non hai un buon lavoro, quando non guadagni abbastanza, quando non scoppi di salute, quando non la pensi come la maggioranza. Sei sfigato quando non sei come il mondo vorrebbe che tu fossi. Sei sfigato quando sei te stesso. E allora diciamolo, sfigato è bello! Attenzione, non abbiamo detto che essere sfigati vuol dire essere felici, tutt'altro. Nonostante questo, la storia ci ha dimostrato che coloro che il mondo chiama «sfigati» sono spesso gli stessi che poi il mondo lo cambiano, lo conquistano o lo sconvolgono.

Nelle pagine che seguono troverete venti schede, venti storie di disagio e rivincita, ognuna delle quali racconta con ironia un diverso sfigato che ha spaccato il mondo. Vi accorgerete che ci sono tanti modi di essere uno sfigato. Ogni biografia è anticipata da uno *sfottotitolo*, un sottotitolo goliardico che riassume in poche righe la vita del personaggio trattato. Le illustrazioni, una per ogni protagonista di questo volume, sono state realizzate e ideate da Marco Pavesi, che in seguito alle nostre continue modifiche all'indice definitivo ha più volte tentato di accopparci. È stato comunque prosciolto da tutte le accuse per giusta causa.

Bando alle ciance, è tempo di andare! Fatevi dunque condurre tra le chiassose strade di Camden Town da Amy Winehouse, la musica è ok ma attenzione a non incontrare l'amore, quello sbagliato. Oppure avete voglia di far rissa insieme a Caravaggio per le strade di Roma? Ma non prima di aver scandalizzato chissà quanti e quali alti prelati con la vostra arte. Dopo una rocambolesca fuga potreste trovarvi sotto la volta stellata insieme a Vincent van Gogh, povero pazzo e con un certo prurito intimo che sa di malattia venerea appena contratta. Se proprio ve la sentite, c'è una certa serata scostumata da passare insieme a un impiegato delle poste un po' sopra le righe, tale Charles Bukowski. Il rischio di finire al cimitero è alto, ma anche lì c'è una buona compagnia: potrete trovare Edgar Allan Poe ad attendervi, insieme al suo corvo.

Insomma questo non è un viaggio per i puri di cuore, né per i deboli di stomaco. Quel che è certo è che alla fine sarete orgogliosi di quella volta in cui qualcuno vi ha dato dello sfigato.

Scommettiamo?

Alessandro e Francesco

Charles Bukowski

Alcolizzato diventa un autore di successo
condividendo con i lettori i particolari
della sua vita sessuale, intestinale ed epatica.

Più spregiudicato di DiCaprio in *The Wolf of Wall Street*, più avvinazzato di re Robert Baratheon durante una battuta di caccia al cinghiale, più citato del Walter e della Jolanda in una puntata di *Che tempo che fa*, è lui o non è lui? Certo che è lui! Stiamo parlando proprio di Charles Bukowski. Hank, come lo chiamavano gli amici, è senza dubbio l'autore più gettonato sui social, gli si attribuiscono le citazioni più svariate – la maggior parte non sue –, usate come didascalie su Instagram per accompagnare foto di finte ubriache coi culi appesi come capocolli. Roba tipo «'Io so' io e voi non siete un cazzo' cit. Bukowski», anche se effettivamente questa avrebbe potuto davvero dirla lui.

Bukowski nasce ad Andernach sul Reno, in Germania, il 16 agosto 1920. Il padre Henry, dopo il congedo dall'esercito, si trasferisce con la famiglia in California, a Los Angeles, dove si guadagna da vivere trainando un carretto del latte. Henry è un uomo violento che picchia costantemente moglie e figlio, quel genere di escremento tubolare cilindrico volgarmente detto stronzo che farebbe imbracciare una mazza chiodata anche al Mahatma Gandhi.

Per tutta l'infanzia Charles si sente ripetere lo stesso amorevole ritornello: «Tu sei la nostra più grande disgrazia», una versione hardcore di «Io ti ho fatto, io ti disfo». In questo quadro familiare simile alla *Guernica* di Picasso, uno si aspetterebbe almeno la clemenza della madre, la quale però ha un bidone dell'immondizia al posto del cuore e dà manforte a Henry. Se interviene lo fa solo per amore del marito, fermandolo prima dell'arrivo della polizia. In un'età in cui qualunque bambino sfugge tutt'al più a qualche zoccolo volante, Charles impara a schivare direttamente le scarpiere che gli venivano lanciate addosso.

Con la Grande Depressione le condizioni economiche della famiglia peggiorano ancora, Henry perde il lavoro e la madre è costretta ad andare a servizio. Si trasferiscono in una casa nella Longwood Avenue dove Charles ha l'ordine di falciare il prato ogni santo giorno che Dio ha mandato in terra, il tutto col solito sottofondo di Henry che lo ricopre di sputi e insulti. Quando il ragazzo dichiara di aver finito la falciatura il padre si arma di righello e, se trova anche un singolo filo d'erba non in linea – e di solito lo trova –, si mette a cavallo del figlio e lo riempie di cinghiate. Fin qua

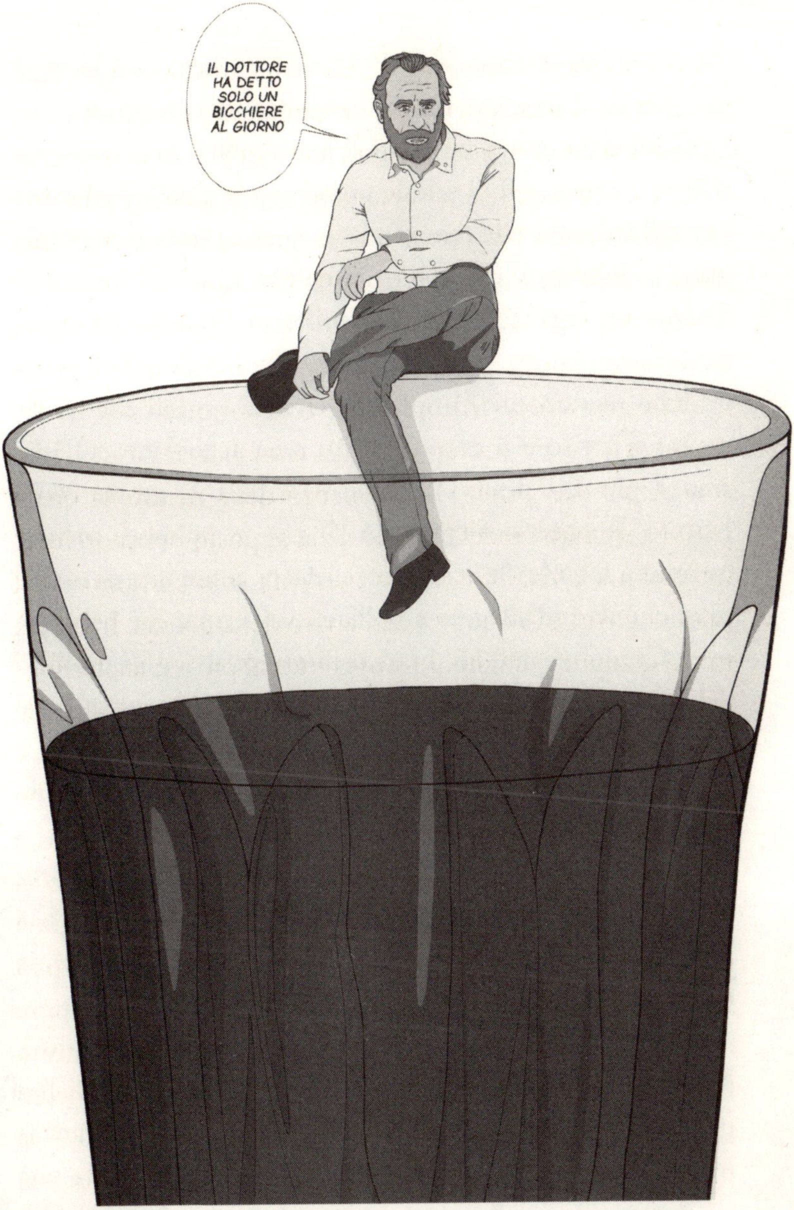
IL DOTTORE HA DETTO SOLO UN BICCHIERE AL GIORNO

già ci sembra una versione di *Matilda 6 mitica* con la regia di Quentin Tarantino, ma può ancora andare peggio.

Fuori dalle mura familiari le cose infatti non sono più allegre, i compagni di scuola prendono in giro Charles per i vestiti tedeschi «da femminuccia» che i genitori lo obbligano a indossare. Comprensibilmente, Charles crescendo diventa un ragazzino schivo e solitario. Quando ha quattordici anni la situazione degenera. L'adolescenza gli porta in dono una quantità impressionante di brufoli che gli ricoprono il viso e il corpo – chiamarla acne è un eufemismo, è più una peste bubbonica. Le pustole grosse come Ferrero Rocher si riempiono di pus e pulsano, mentre cammina Charles le sente scoppiettare come una di quelle plastiche da imballaggio a bollicine, una roba che nemmeno a Černobyl' nell'86. Stanco di essere il sogno proibito dei feticisti dei punti neri, Charles si reca in ospedale, dove può farsi curare gratis poiché il padre è disoccupato. Le sedute sono dolorose e avvilenti, perfino i medici hanno timore a toccarlo, alla fine solo uno di questi prende coraggio e accetta di mungerlo come una mucca della Valtellina. Una volta scoppiati grazie all'uso di un trapano Bosch a percussione, i bubboni si trasformano in piaghe profonde e deturpanti.

Vi lasciamo immaginare che vita possa avere avuto a scuola un adolescente povero e col volto sfigurato. Di lì a poco Charles strappa il diploma liceale e contemporaneamente scopre le uniche due cose che gli rendono la vita sopportabile, l'alcol e la biblioteca. Quando ha diciannove anni il padre scopre nell'armadio i suoi primi scritti e lo butta fuori di casa facendolo passare per la finestra del secondo piano, manco gli avesse beccato della bamba o l'ultimo album di Sfera Ebbasta. A questo punto Bukowski aggiorna le informazioni sul suo profilo Facebook inserendo alla voce «Istruzione» la descrizione: «la strada». Lui può!

Inizia a lavorare come pulitore di automotrici negli scali ferroviari e nel tempo libero scrive e si ubriaca, non necessariamente in quest'ordine. Quando scopre di stare per essere chiamato nell'esercito, abbandona il lavoro e lascia Los Angeles per New Orleans. Qui trova lavoro in un negozio di pezzi di ricambio, ma ritorna quasi subito a Los Angeles dove si mantiene vendendo il sangue alla Croce Rossa. Pallido come Fassino, e con più o meno la stessa energia vitale, riparte alla volta di Filadelfia dove viene arrestato per aver disertato la leva obbligatoria, ma se la cava con qualche giorno di prigione e il successivo congedo per mancata idoneità.

A ventiquattro anni, come lui stesso ci racconta, perde la verginità con una cinquantenne alcolizzata di ennemila chili che lo lascia nell'angolo di un pub in debito di ossigeno e con due costole incrinate. Qualche mese dopo la rivista *Story* pubblica il suo primo racconto intitolato *Conseguenza di una lunga lettera di rifiuto*. Torna per l'ennesima volta a Los Angeles e vive la prima vera relazione della sua vita con Jane Cooney Baker, una testa calda almeno quanto lui.

Dal canto suo, Charles non ha la minima idea di come si gestisca una storia d'amore, fino ad allora aveva avuto solo prostitute alcolizzate e malattie veneree. La coppia passa le giornate a lanciarsi addosso tutto il servizio di stoviglie e quando lui inizia a scommettere sulle corse dei cavalli, Jane lo sbatte fuori di casa.

Nel 1952 inizia a lavorare alle poste, impiego che si terrà, a fasi alterne, per vent'anni e che gli ispirerà *Post Office*, il romanzo autobiografico che, pubblicato nel 1972 e incentrato sulla vita del suo alter ego Henry Chinaski, postino di Los Angeles con la passione per la bottiglia e le corse, lo consacrerà scrittore di fama mondiale.

Una sera del 1954, dopo essere tornato dal lavoro, Charles si ubriaca come al solito in compagnia di Jane e ha una brutta emorragia; in ospedale lo salvano per miracolo, l'alcol gli ha causato un'ulcera perforante. Gli viene intimato di smettere di bere, lui in tutta risposta esce dall'ospedale e si scola pure l'anima de li mortacci sua. Da quel momento tuttavia inizia a scrivere poesie, e ne invia alcune alla rivista *Harlequin*. La direttrice Barbara Frye si complimenta con lui e quando scherzosamente confessa a Charles che nessuno vuole sposarla, lui prende la balla al balzo come fanno i castratori di canguri e le scrive: «Ti sposo io!» I due non si erano ovviamente mai visti di persona e quando Charles va a prenderla alla stazione si aspetta di trovarsi davanti a Enzo Paolo Turchi in tacchi a spillo. E invece, sorpresa! Barbara è bella, giovane, ha un sorriso che avrebbe fatto tendere il collo anche a Costanzo, e per di più è molto ricca.

Charles e Barbara, neosposi, vanno a vivere prima in Texas e poi di nuovo a Los Angeles, insieme gestiscono la rivista di lei con profitto e per un periodo le cose sembrano anche andare bene. Da un giorno all'altro però un avvocato si presenta alla porta di casa con la documentazione per il divorzio. Si vede che Barbara quando l'ha sposato era sotto l'effetto di acidi. Bukowski torna quindi alle poste e intanto pubblica una serie di volumetti per piccole case editrici. Inaspettatamente riscuote un discreto successo e qualche rivista di settore parla di lui favorendo il passaparola. La sua è una scrittura scarna, senza fronzoli, uno spaccato del sottoproletariato che si nutre direttamente del disagio che ha segnato tutta la vita di Bukowski fin dall'infanzia.

Intanto il suo primo amore, Jane, muore nel '62 per conseguenze legate all'alcolismo. Per Charles è un brutto colpo, scrive una serie di poesie e racconti per elaborare il proprio lutto e celebrare Jane, la sua musa sregolata, compagna di sbronze e atroci scenate, la donna che più di ogni altra gli ha insegnato quel che sa sull'amore: «[...] *amore è tutti i gatti spiaccicati dell'universo/amore è una sigaretta col filtro ficcata in bocca e accesa dalla parte sbagliata*». Riposa in pace, Jane.

A lanciare Bukowski, come personaggio prima che come scrittore, è l'editore Jon Edgar Webb, che gli dedica un intero numero della rivista *The Outsider*. È così che inizia a imporsi lo stile di vita Bukowski, soprattutto tra un folto stuolo di aspiranti scrittori che iniziano a gravitargli intorno. C'è chi gli porta i propri lavori per avere un giudizio, altri vogliono solo impressionarlo dimostrandogli che possono bersi pure la scivolizia di Tonio Cartonio insieme a tutto il fantabosco. Tra il 1963 e il 1965 Webb pubblica anche due libri di poesie di Bukowski che riscuotono un successo superiore alle aspettative: *It Catches My Heart In Its Hands* e *Crucifix in a Deathhand*.

Nello stesso periodo Charles si innamora di una certa Frances Smith e, quando lei rimane incinta, vanno a vivere insieme. Il 7 settembre 1964 nasce la figlia Marina Louise. Come sappiamo, Bukowski ha la stessa capacità di mantenere una relazione stabile di Enrico VIII, e infatti anche questa storia finisce. La sua carriera di scrittore però è tutta in ascesa, decine e decine di editori indipendenti se lo contendono inviandogli proposte sempre più allettanti. Uno di questi, Doug Blazek, intuisce il grande potenziale di Bukowski e lo convince a tornare a scrivere in prosa. L'intuizione è giusta e Charles inizia a essere pubblicato anche in Europa.

Bukowski si fa prendere dall'entusiasmo, sa bene che gente come Kerouac e Miller valgono molto più di lui, ma questo non gli impedisce di autoproclamarsi il numero uno indiscusso sulla piazza. Naturalmente i suoi deliri di onnipotenza si accentuano quando è ubriaco, e cioè ogni giorno dopo le tre del pomeriggio. A ogni modo, grazie alle rendite dei diritti d'autore, all'alba dei suoi cinquant'anni Charles riesce finalmente a licenziarsi dalle poste. Durante gli anni Settanta passa più tempo in aereo dei Ferragnez, lo invitano ovunque a fare le letture dei suoi libri. Una buona metà del suo pubblico accorre non tanto per il suo lavoro quanto per l'icona che Charles è diventato, l'altra metà è lì per ubriacarsi e fare casino.

Nel 1972 esce nelle librerie *Storie di ordinaria follia. Erezioni eiaculazioni esibizioni*, il classico volume da regalare alla suocera a Natale per fare la figura del pervertito. Charles presenta il libro a San Francisco, ad accompagnarlo c'è la sua nuova fiamma Linda King. Alla festa dopo la presentazione i due si accapigliano violentemente e ruzzolano giù per le scale. Il fattaccio finisce su tutti i giornali, tutto grasso che cola per la reputazione di Hank. Nei salotti chic naturalmente non lo invitano mai, ma lui ha la gente comune dalla sua, centinaia di ammiratori gli scrivono ogni settimana e lui risponde a tutti. Un certo tipo di pubblico inizia a dargli del misogino, del porco bisunto, del violento e del presuntuoso, e almeno metà di queste cose sono sicuramente vere. È anche vero che quando dedichi centinaia di pagine dei tuoi libri alla forma della vagina delle tue amanti, ai dettagli del cunnilingus e perfino alla tua attività intestinale subito dopo l'amplesso, qualche critica te la devi aspettare.

Comunque, mentre tutta la zona pubica è coinvolta in attività orgiastiche al limite del dannunziano, il suo fegato comincia a invocare pietà, non ricevendone affatto. Di certo Linda non può essergli di grande aiuto visto che beve almeno quanto lui, la loro è una relazione sregolata e violenta, come la tradizione bukowskiana vuole. Charles, che pure non è di certo una bellezza, ha sempre una delle sue ammiratrici nel letto e non è per niente bravo a nascondere le prove. Linda puntualmente lo scopre, lo riempie di legnate e lo lascia per qualche settimana. Insieme provano anche a smettere di bere, con l'unico risultato che il nervosismo dell'astinenza li porta a litigare il doppio e alla fine, com'era prevedibile, si lasciano.

Col tempo molti hanno iniziato a credere che il Bukowski reale si sia sempre più distaccato dal suo alter-ego letterario, Chinaski. Alcuni critici sostengono infatti che Charles, complice l'avanzare dell'età, abbia lasciato le sbronze e il sesso acrobatico alle pagine dei suoi libri, mentre lui si godeva i guadagni su una poltrona sfondata, con un paio di ciabatte da cassintegrato ai piedi, magari sorseggiando una tisana depurativa allo zenzero davanti alle repliche di *Forum*. Sicuramente ha avuto un certo impatto sulla sua vita l'incontro, nel 1976, con una seconda Linda (diversissima dalla prima!): Linda Lee Beighle. Aspirante attrice, Linda è proprietaria di un ristorante di cibi biologici e devota di una setta indiana: il diavolo e l'acqua santa. Non so a voi, ma a noi la sola idea di Charles davanti a un piatto di germogli di soia mentre sorseggia un estratto di radici del Vietnam ci manda in tilt il cervello. E infatti Linda con lui ebbe molta pazienza, non per nulla fu l'unica donna che riuscì a migliorare la sua dieta e a farlo bere meno, e solo vino.

Quando Charles si trasferisce nella comunità rurale di San Pedro, a sud di Los Angeles, lei decide di seguirlo. I due vivono insieme per un po' o almeno fino a quando lei non ha il coraggio barbaro di propinargli una bistecca di tofu, a quel punto Charles la mette alla porta. Linda, che non è certo tipo che si arrende facilmente, decide di ricorrere al metodo Pannella e inizia un estremo sciopero della fame fino a quando lui non la riprende con sé. I due si sposeranno nel 1985. A Linda è ispirata la figura di Sara nei romanzi di Bukowski *Donne* e *Hollywood! Hollywood!* considerati due suoi capolavori.

Nel 1988 Bukowski si ammala di tubercolosi ma la malattia non gli impedisce di continuare a scrivere: per tutta la vita continuerà a mandare racconti e poesie ai piccoli editori che avevano lanciato la sua carriera, in segno di gratitudine. Muore di leucemia fulminante il 9 marzo del 1994. Aveva completato da poco *Pulp*, il suo ultimo romanzo.

Sulla sua lapide, come da istruzioni dello stesso Bukowski, è stata incisa una singola, brevissima frase: «*Don't try*». Era il suo consiglio per gli scrittori esordienti: non provarci neppure, a meno che tu non sia pronto a lasciarti bruciare vivo dalla tua arte.

CURIOSITÀ

Nel suo libro *La sconcia vita di Charles Bukowski*, Jim Christy riporta diversi aneddoti davvero surreali su Bukowski. Tra i tanti, spicca il racconto dell'incontro tra lo scrittore e Arnold Schwarzenegger.
Pare che i due fossero commensali in una patinata cena a Hollywood quando Hank, palesemente ubriaco, si avvicinò a Arnold che sedeva insieme alla sua nuova moglie, e gli disse: «Ehi, tu, pezzo di merda di un nano. Tu e il tuo grosso sigaro, chi vi credete di essere? Solo perché fai quei filmetti di merda non crederai di essere speciale, pezzo di merda di un megalomane».
Certo che bisogna essere tanto ubriachi per dare del nano a Schwarzenegger, ma Bukowski d'altronde era senza peli sulla lingua, e se ce li aveva non erano suoi.

Michelangelo Merisi, detto il Caravaggio

Pittore si aggira per lo Stivale prendendo più schiaffi e denunce di un figurante di *Forum* e creando nel frattempo una serie di opere scandalose e memorabili.

Togliamoci subito il pensiero: Michelangelo Merisi, detto il Caravaggio, non è nato nel paesino bergamasco di Caravaggio. Grazie a una scoperta archivistica del Registro dei Battezzati della Parrocchia di Santo Stefano in Barolo, siamo ormai certi che il Merisi nacque il 29 settembre 1571 a Milano e non nel 1573 a Caravaggio, come si è creduto per molto tempo. Non ce ne vogliano gli amici bergamaschi, potete sempre vantarvi di aver dato i natali ad altri grandi personaggi della storia italiana come Vittorio Feltri e Roby Facchinetti! E comunque da «*pota*» a «*taaac*» è un attimo.

I suoi genitori, quelli sì, erano effettivamente di Caravaggio: Fermo Merisi e Lucia Aratori. Il padre faceva parte della classe dei Magister, ovvero quegli architetti che si occupavano delle chiese milanesi, ed è in questo humus carico di arte, architettura e sacralità che Michelangelo inizia a gattonare.

Nel 1577 la famiglia Merisi fugge da Milano per scappare dall'epidemia di peste e si rifugia nel paesino bergamasco. Pensateci bene: Fermo, Lucia, la peste a Milano, la fuga in un paese della bergamasca, se ci aggiungete un prete fifone e uno spagnolo con le pulsioni sessuali di un sedicenne sembra *I promessi sposi* letto al contrario. Manzoni, ci devi dire qualcosa?

A causa della peste Michelangelo perde lo zio, il padre e il nonno in un colpo solo. Dopo i funerali collettivi gestiti da Taffo, la madre lo impacchetta e lo spedisce a Milano affinché inizi come apprendista presso la bottega di Simone Peterzano, uno dei più grandi rappresentanti del tardo manierismo lombardo, nonché allievo di Tiziano.

Nel laboratorio del Peterzano Caravaggio ci rimane per quattro anni, durante i quali apprende le lezioni dei maestri della scuola pittorica lombarda e viene descritto come un alunno estroso e vivace. Dopo la fine dell'apprendistato nel 1588, di lui si perdono le tracce fino al 1594. Sappiamo solo che, una volta morta anche la madre, ne intascò l'eredità. Su dove si sia diretto a quel punto, il dibattito è ancora aperto. Secondo alcuni vagò per la Lombardia, per altri in Veneto,

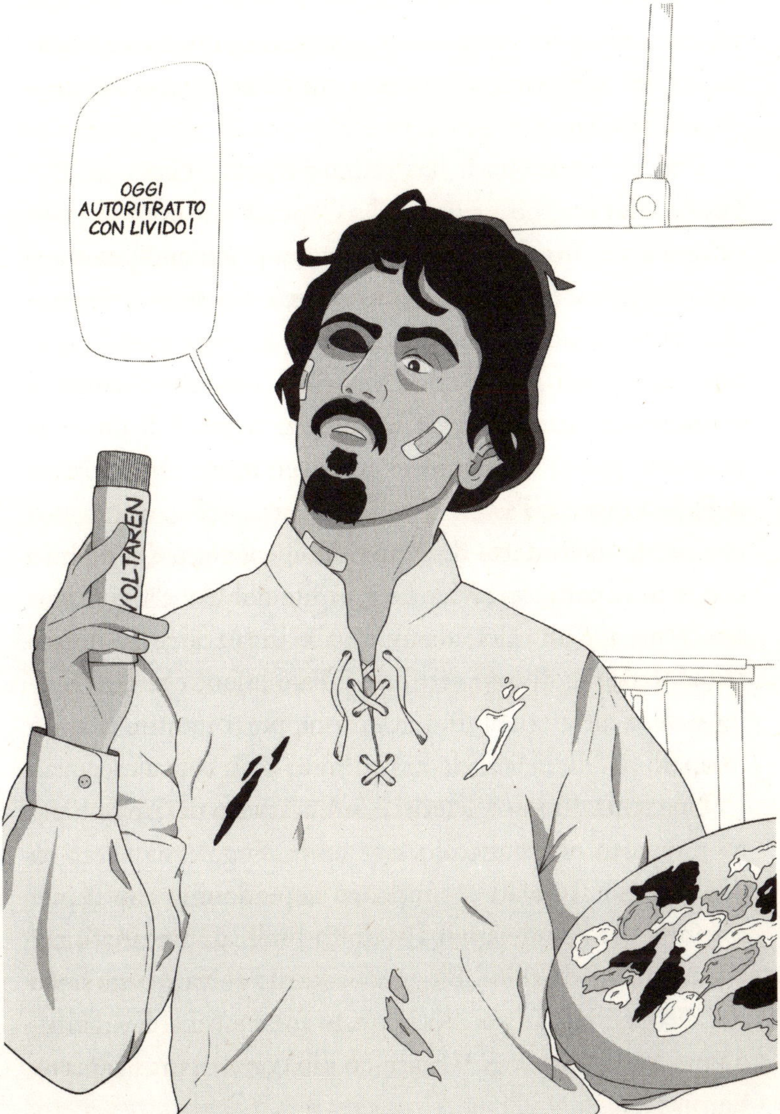
OGGI AUTORITRATTO CON LIVIDO!
VOLTAREN

altri ancora sostengono che già nel 1592 si trasferì a Roma, c'è chi dice anche Venezia, così, tanto perché nessuno l'aveva ancora nominata. Persona a cui chiedi, paese in cui è stato Caravaggio.

Come ci racconta il suo primo biografo, Giovanni Baglione, Caravaggio arriva nella Capitale intorno al 1594, povero e vestito di stracci. Qui lavora prima nella bottega di Giuseppe Cesari, conosciuto come il Cavalier d'Arpino, che lo mette a dipingere fiori e frutta. Ed è in questo periodo che si collocano alcune sue opere più celebri come la *Canestra di frutta* e il *Fanciullo con canestro di frutta*. Già in questo primo momento, si coglie un tratto caratteristico della sua pittura: l'assenza dell'ambiente, una caratteristica che mette in contatto direttamente il soggetto del dipinto con il suo spettatore. Mentre è ospite del Cavaliere, il nostro si prende un calcio da un cavallo imbizzarrito e finisce in ospedale per diverse settimane. Pare infatti che il *Bacchino malato*, altra opera di quegli anni, porti proprio il volto sciupato di Michelangelo nel periodo della convalescenza.

Una volta dimesso, Merisi è ormai stanco di fare l'addetto al reparto ortofrutticolo, e se ne va. Soggiorna allora da «Monsignor Insalata», simpatico soprannome che il pittore affibbia a monsignor Pandolfo Pucci da Recanati, per via del menu «Fashion Blogger» che gli veniva servito nella sua dimora: insalata a colazione, pranzo e cena. Evidentemente Pandolfo aveva il braccino più corto di un Tyrannosaurus Rex.

Si deve dire che al tempo Roma era una città tranquilla come la periferia di Bagdad: un milione di fedeli si stava riversando nell'Urbe per il Giubileo del 1600, tutti incattiviti, armati di flagelli e rosari che al confronto quelli della Sacra Inquisizione erano dei boy-scout. A questi aggiungeteci ladri, stupratori, alcolizzati di chiara fama, bari e ragazzi di buona famiglia intenzionati a dilapidare il patrimonio degli avi in prostitute e Gyno-Canesten.

A Roma Caravaggio si aggira costantemente armato e ansioso di fare rissa. A Campo Marzio, tra le prostitute, è ormai un habitué come il medico di base a casa Leopardi. Sappiamo per certo che ebbe delle relazioni durature con due prostitute, Anna Bianchini e Fillide Melandroni. Le due sono state anche le sue muse e modelle per alcune opere, ad esempio in *Marta e Maria Maddalena* del 1598 le potete ammirare entrambe.

Ispirato dall'ambiente artistico capitolino, Michelangelo sforna *I bari*, dipinto che ritrae una truffa durante una partita a UNO, e *Buona ventura*. In quest'ultima rappresentazione è lampante il talento compositivo di Caravaggio. Solo un occhio attento infatti può cogliere il dito della zingara che sfila l'anello dalla mano del ragazzo, un particolare in stile «Enigma poliziesco» della *Settimana Enigmistica*.

Questi due dipinti catturano l'attenzione del cardinale Francesco Maria del Monte e la vita del Caravaggio cambia radicalmente. Nel 1599 grazie alla sua intercessione ottiene la prima commissione pubblica: la creazione di tre grandi dipinti su tela da collocare nella cappella Contarelli della chiesa di San Luigi dei Francesi. E da questa vicenda impariamo tre importantissime lezioni. Prima: se hai talento prima o poi l'occasione capita. Seconda: se hai amici importanti l'occasione capita prima. Ultima, e non per ordine di importanza: l'assegnazione delle opere pubbliche in Italia è sempre stata limpidissima come la fedina penale di Wanna Marchi. Per Michelangelo non è per niente facile, aveva sempre lavorato su tele da 150 cm e improvvisamente si ritrova a dipingere su uno spazio di oltre tre metri. L'ambiente artistico del periodo, i suoi colleghi diciamo, lo disprezzano apertamente, considerandolo al pari di uno scavezzacollo che aveva trovato il pennello nell'uovo di Pasqua. Una delle critiche che gli vengono mosse è la presunta incapacità di catturare l'azione, niente di più falso. I quadri di Michelangelo sono dotati di un naturale, e un pizzico inquietante, movimento; sembrano quasi dei fermo immagine di un film, quando hai la connessione internet lenta come dentro un regionale di Trenitalia e la scena rimane bloccata in mezzo all'azione.

Caravaggio ha talento, eccome se ne ha, e infatti produce i primi due capolavori incentrati sulla vita di san Matteo: la *Vocazione* e il *Martirio*. Per la realizzazione di queste due meraviglie della storia dell'arte, il pittore cambia tecnica: lavora su una tela nera sulla quale imprime delle incisioni, le figure vengono letteralmente riportate alla vista dall'oscurità. Sulla tela resta solo ciò che è in luce o in penombra, il resto non esiste. A seguito della magnificenza di queste opere, l'artista diventa richiestissimo sul mercato e nel 1600 ha una vera e propria esplosione di commesse. Fortunatamente sembra anche darci un taglio con quella sua vita di scelleratezze e si calma un poco. Dipinge la *Natività con i santi Lorenzo e Francesco d'Assisi* su commissione del mercante Fabio Nuti, e altre opere come l'*Amor Vincit Omnia* e *Cattura di Cristo*. Prendete un santo a caso dal calendario, lui l'ha dipinto.

Spinto dall'onda dei suoi successi, riceve un'altra importante commissione da parte di monsignor Tiberio Cerasi: firma per due tele dedicate a san Paolo e a san Pietro, *La conversione di san Paolo* e la *Crocifissione di san Pietro*, da porre all'interno della cappella Cerasi, sita nella basilica di Santa Maria del Popolo. La lavorazione di queste tele è particolarmente travagliata, dai documenti risulta infatti che il committente le abbia rifiutate almeno una volta. E dipingere da capo un quadro non deve essere di certo una passeggiata, probabilmente qualche imprecazione davanti alla tela Merisi l'ha tirata. Ripensandoci, forse è per questo che i suoi personaggi hanno quegli occhi inquieti.

Nella terza tela della trilogia incentrata su san Matteo, *San Matteo e l'angelo*, Caravaggio se ne infischia altamente del gusto dell'epoca e dipinge la scena con un crudo realismo, raffigurando il santo come un popolano semianalfabeta a cui l'angelo deve dettare il suo Vangelo. Ne risultano enormemente amplificate la vividezza e la drammaticità della scena, ma il dipinto susciterà inizialmente grande scandalo. Sarà proprio questo realismo controcorrente che porterà al rifiuto di un'altra sua opera, *Morte della Vergine*, destinata ai Carmelitani Scalzi. Prima di aver visto il dipinto, infatti li chiamavano Carmelitani Pantofolati, ma pare che, messi davanti a quella Madonna dal ventre gonfio e i piedi in vista, nudi nientedimeno che fino alle caviglie, fuggirono via in gran fretta, scandalizzati e scalzi. L'estremo realismo con cui Caravaggio dipinge il corpo della Vergine viene quasi tacciato di blasfemia. Ma l'elemento più scandaloso della *Morte della Vergine*, sta nella composizione stessa. Per la prima volta la Madonna non viene rappresentata mentre ascende a Regina Coeli in un fascio di luce divino, ma è abbandonata su un terribile tavolaccio, inequivocabilmente e scandalosamente mortale e senza alcun accenno di sacralità. Addirittura, alcuni pensano che per rappresentare la Madonna Michelangelo si sia ispirato a una prostituta morta per annegamento. Altri invece hanno scorto nel volto della Vergine i tratti somatici di Lena, celebre modella di Caravaggio. Dopo questo rifiuto ne arriva presto un altro, quello della *Madonna dei Palafrenieri* – giuro non è una parolaccia anche se lo sembra. In questa tela Caravaggio dipinge una sant'Anna vecchia, rugosa e in atteggiamento contemplativo. L'opera, esposta nella basilica di San Pietro, viene presto rimossa. Questi continui rifiuti spingono nuovamente il pittore verso una vita spericolata. Ed è qui che parte la nostra puntata di *CSI Caravaggio*.

Come abbiamo accennato, Merisi era la classica persona che se ti invitava a bere un aperitivo tranquillo a Trastevere, quattro ore dopo ti ritrovavi a seicento chilometri di distanza, a Milano, nudo, intento a rubare la Madonnina dal Duomo. Già nel 1600, per inaugurare il secolo, si era beccato una bella denuncia per aver malmenato con un bastone il nobile Girolamo Stampa. Non si contano le risse causate dall'abuso di alcol, i fermi per schiamazzi notturni e i capi di imputazione per violenze varie ed eventuali che lo portarono a entrare e uscire dal carcere più volte di Fabrizio Corona.

Nel 1603 riesce a evitare il gabbio grazie all'intercessione dell'ambasciatore francese. Che aveva combinato? Si era dedicato alla composizione di alcune «poesie» contro Giovanni Baglione, pittore che aveva precedentemente battuto in una sfida pittorica. Quella che segue è senz'altro tra le nostre preferite: «*Gioan Bagaglia tu non sai un ah / le tue pitture sono pituresse / volo vedere con esse che non guadagnarai mai una patacca / che di cotanto panno da farti un paro di bragesse / che ad ognun mostrarai quel che fa la cacca /… / perdonami dipintore se io non ti adulo che della collana che tu porti indegno sei et della pittura vituperio*». C'era stima insomma. Indubbiamente, a giudicare da questo dissing, Michelangelo sarebbe stato un rapper con i controfiocchi.

Nel 1605, dopo esser stato nuovamente arrestato per aver offeso le guardie cittadine e aver passeggiato in possesso di armi come se nulla fosse, deve fuggire da Roma in direzione di Genova per aver ferito un notaio rivale in amore. Ma ancora una volta i suoi protettori lo tirano fuori dai guai insabbiando tutto. A questo punto torna a Roma, si becca una denuncia per non aver pagato l'affitto, viene sfrattato e tutte le sue cose, dai colori alle suppellettili, vengono requisite. Non contento inizia a prendere a sassate le finestre della locataria fino a quando non si becca un'altra querela.

Ma l'episodio che segnerà per sempre la sua vita avviene il 28 maggio 1606 a Campo Marzio. Durante una partita di pallacorda viene contestato un fallo abbastanza generoso; non esistendo il VAR, le due fazioni opposte iniziano a litigare tra loro e Caravaggio, dopo esser stato ferito, accoltella mortalmente Ranuccio Tomassoni. Che non si dica quindi che solo i tifosi di calcio sono violenti! La verità è che noi italiani riusciremmo a fare rissa anche in una gara di barchette sull'acqua. Il verdetto è severissimo e viene promulgato già poche ore dopo il fattaccio: pena di morte nel più puro stile western, *dead or alive*. E non serviva nemmeno consegnare tutto il corpo per ricevere la ricompensa: bastava la testa. Nel 1606 insomma potevi camminare per Roma, fermarti da un mercante per acquistare della farina e, in attesa del resto, imbracciare una scure e decapitare Michelangelo tra la folla di passanti. Partecipa anche tu al nostro concorso #BoiaPerUnGiorno.

Roma chiaramente non fa più per Michelangelo che, ancora una volta, è costretto a scappare con un insopportabile peso sul cuore: si sente solo, un reietto senza pace che adesso tutti trattano come un criminale. Anche stavolta l'aiuto arriva dall'alto: viene preso sotto l'ala del principe Filippo I Colonna, che prima lo ospita nei suoi feudi laziali e poi lo aiuta a raggiungere Napoli, dove Caravaggio trova alloggio nei pacifici Quartieri Spagnoli.

Ci rimane un anno, un periodo breve ma molto produttivo dal punto di vista pittorico. Dipinge infatti la *Flagellazione di Cristo*, la *Salomè con la testa del Battista*, la *Crocifissione di sant'Andrea*, la *Madonna del Rosario*, la prima versione di *Davide con la testa di Golia*, una seconda versione della *Flagellazione di Cristo* e le *Sette opere di Misericordia*. Sembra il salmo responsoriale. La messa è finita, andate in pace.

Il soggiorno napoletano è così importante che dà origine a una specie di scuola, Michelangelo diventa una sorta di Gesù della pittura che ovunque va fa proseliti. Nel 1607 parte per Malta. Il suo obiettivo è farsi insignire dal Gran Maestro dell'Ordine dei cavalieri di Malta, Alof de Wignacourt, del titolo di cavaliere, in modo da ottenere l'immunità. Dopo un anno passato a far ritratti ad ogni singolo cavaliere per entrare nelle loro grazie, diventa ufficialmente un Cavaliere di Grazia. A Malta dipinge anche quello che viene definito il capolavoro dei capolavori, la *Decollazione di san Giovanni Battista*. Ma Caravaggio è pur sempre una testa calda, anzi, una pentola a pressione; e infatti di lì a poco viene arrestato dopo un litigio con un cavaliere a lui superiore di grado. Finisce nelle carceri della Valletta ma riesce a fuggire in modo rocambolesco e a riparare in Sicilia, più precisamente a Siracusa, presso l'amico Mario Minniti. Venuti a sapere della sua fuga, i Cavalieri di Malta revocano il titolo al nostro pittore ribattezzandolo, citiamo testualmente, «membro fetido e putrido».

Dopo essersi goduto il mare della Trinacria ed essersi abbuffato di briosce alla granita, Caravaggio torna a Napoli e qui – lui ancora non lo sa – ha un appuntamento con il karma. Alcuni sicari, amici del cavaliere maltese con cui era sorto il piccolo diverbio a La Valletta, lo sfregiano a tal punto che iniziano a circolare voci sulla morte del pittore. C'è da dire che i maltesi sono gente che se la lega proprio al dito!

Durante questo secondo periodo napoletano Michelangelo dipinge una delle sue opere più famose: la seconda versione del *Davide con la testa di Golia*. La testa di Golia, che Davide tiene saldamente in mano ma senza ostentarla con la spavalderia propria invece del Davide raffigurato da Michelangelo alcuni anni prima, non è altro che un autoritratto del Caravaggio stesso. Di certo non gli mancava il senso dell'umorismo, considerando che quella sulla tela era la fine da cui cercava di scappare. Ma alla fine non morirà così, sarebbe stato un epilogo troppo scontato. Viene a sapere infatti che papa Paolo V sta preparando una revoca della sua condanna a morte, e così Michelangelo, fiducioso, si imbarca per Porto Ercole, dove avrebbe dovuto aspettare in tutta tranquillità la revoca della condanna per poi poter tornare a Roma da uomo libero. Sfortunatamente, durante lo scalo a Palo di Ladispoli viene riconosciuto e fermato, il traghetto non aspetta gli accertamenti e parte senza di lui, ma portandosi via i suoi bagagli. Michelangelo aveva infatti con sé il prezzo della sua libertà: due quadri raffiguranti Giovanni Battista e uno Maria Maddalena in estasi. Grazie all'aiuto della famiglia degli Orsini, il pittore riesce a recuperare il carico e a raggiungere infine Porto Ercole. Merisi, che ha vagato per due giorni in cerca di un passaggio, è stanco, debilitato, con una febbre altissima causata da un'infezione intestinale trascurata. Viene subito portato al sanatorio Santa Maria Ausiliatrice e le sue condizioni appaiono immediatamente critiche. Muore il 18 luglio 1610 da uomo libero, ma senza saperlo. Il papa qualche giorno prima aveva infatti revocato la condanna di decapitazione che pendeva sulla sua testa.

CURIOSITÀ

Come abbiamo visto, Caravaggio amava ritrarre in veste di sante, nelle sue tele, donne che non lo erano affatto, anzi. Una di queste, passata alla storia come la sua musa, è Fillide Melandroni, un'altra che quanto a sfiga mica scherzava. Fillide aveva iniziato a prostituirsi giovanissima per curare la mamma malata e poi aveva continuato a darci dentro con l'obiettivo di conquistare una certa posizione sociale. A sedici anni viene presa sotto la protezione dei fratelli Tomassoni, che gestivano un giro di cortigiane nel rione Campo Marzio, servendo clienti illustri come nobili e cardinali – ti pareva che mancassero loro! Diventata ormai una cortigiana di alto bordo, è Ranuccio Tomassoni a metterla in contatto col Caravaggio che, per una sua opera, la *Santa Caterina d'Alessandria*, prende Fillide come modella. Saranno quattro le opere di Caravaggio che immortalano Fillide sulla tela, tra tutte la sua figura spicca in *Giuditta e Oloferne*, nella quale Fillide incarna la nobile Beatrice Cenci condannata ingiustamente per parricidio. Sul finire del 1600 Ranuccio cambia la sua cortigiana preferita in favore di Prudenza Zacchia, un nome una certezza di sifilide, gonorrea e Dio-solo-sa-cosa. Fillide, presa dalla gelosia, fa fuori Prudenza e si conquista così la galera. Qualche anno dopo inizia una relazione con il nobiluomo veneziano Giulio Strozzi, una svolta che sa tanto di «*Pretty Woman*,

walkin' down the street ». Lui, in uno slancio
di romanticheria che Richard Gere spostati,
commissiona a Caravaggio un dipinto dell'amata. I parenti
dello Strozzi però non possono sopportare
questa relazione e, per scongiurare il matrimonio
con una donna di malaffare, fanno bandire Fillide da Roma,
dove tornerà anni dopo quando Giulio, il suo amore,
avrà ormai lasciato la città. La donna morirà
a trentadue anni in condizioni economiche discretamente
agiate, portandosi dietro il titolo di « famosa cortegiana ».

Anton Čechov

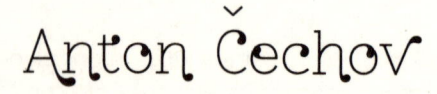

Autore russo guarda per sbaglio una puntata
di *Ciao Darwin* e rivoluziona il mondo
della drammaturgia introducendo il concetto
di « tragicomico ».

Anton Pavlovič Čechov ebbe una vita così disgraziatamente sfortunata che, dopo averla conosciuta, sarete autorizzati a rispondere « E allora Čechov? » ogni qualvolta l'amico lagnone vi ammorberà l'esistenza con le sue lamentele. Eppure, come questo libro si propone di raccontare, da grandi disgrazie derivano spesso grandi capacità!

Anton nasce a Taganrog, una città portuale della Russia, il 29 gennaio 1860. Taganrog era il classico posto miserabile al cui confronto Africo in provincia di Reggio Calabria è Rio de Janeiro. Dai diari di Čechov appuriamo che lì il cibo fa schifo, l'acqua è inquinata e gli abitanti sono sporchi, ignoranti, pigri, noiosi, e mettono il formaggio sulla

THEATER
NOW SHOWING
LA NUOVA
COMMEDIA
DI
ČECHOV
BIGLIETTI
IN SCONTO
LA SOLITA
COMMEDIA
SOLD OUT
CON
RUTTI E SCOREGGE

pasta col tonno e la panna nella carbonara. Dell'infanzia di Anton sappiamo che il padre Pavel, fervente religioso, picchiava lui, i suoi fratelli e sua madre a tutte le ore del giorno. Sicuramente Pavel stesso non aveva avuto buoni esempi in tema di figurine genitoriali, essendo stato picchiato lui stesso da suo padre, nonno Egor, servo della gleba, che a sua volta aveva preso una caterva di legnate dai suoi signori. Insomma, se i Čechov avessero avuto uno stemma di famiglia, sopra ci sarebbe stato scritto: «Coltiviamo la violenza domestica fin dal XIV secolo». Alle cene di Natale volavano più schiaffi che in un film di Bud Spencer e Terence Hill: il calore della famiglia tradizionale!

A buona ragione, Anton definisce la sua infanzia «una vera sofferenza» ricordando le interminabili ore in cui lui e i suoi cinque fratelli sono costretti in piedi, al freddo, nella drogheria del padre, o ancora le domeniche in cui è obbligato a suon di botte a cantare nel coro della chiesa (di cui Pavel è direttore). Dopo aver trascorso un infruttuoso anno alla scuola greca insieme al fratello Nikolaj – altra ideona di Pavel, il quale non aveva considerato il piccolo dettaglio che i suoi figli non sapevano il greco – Anton passa dalla padella alla brace, iscrivendosi al ginnasio russo di Taganrog.

Il ginnasio russo di Taganrog è esattamente come uno si aspetta un ginnasio russo: l'insegnante di storia si rivolge agli scolari chiamandoli «fetidi sacchi nauseabondi di pus», quello di latino è un confidente della polizia e, a questo punto, quello di geografia probabilmente gestiva un traffico di prostituzione minorile. Un'eccezione è rappresentata dall'insegnante di religione, che avendo notato la propensione di Anton per i racconti umoristici gli consiglia la lettura di Molière e Swift.

Quando Anton ha quindici anni, i suoi fratelli Nikolaj e Aleksandr, stanchi degli schiaffoni del padre, decidono di lasciare la famiglia per andare a studiare a Mosca. Seguono mesi duri per la drogheria di Pavel, che fallisce miseramente nel 1876. La madre di Anton è costretta a vendere casa e mobilio per pagare i debiti, e insieme al marito e a Marija raggiunge i figli maggiori a Mosca. In tutto questo, Anton viene abbandonato come un sacchetto dell'umido nella vecchia casa, dove dà lezioni private al nipote del nuovo proprietario nell'attesa di finire gli studi e raggiungere la famiglia a Mosca.

Finalmente, dopo tre anni di miseria e risentimento, Anton parte per Mosca con una borsa di studio di venticinque rubli per frequentare la facoltà di medicina. A Mosca Anton trova la sua famiglia in condizioni di estrema povertà: vivono in dieci in una cantina popolata da blatte grosse come opossum, Nikolaj è diventato un alcolizzato che cerca di alzare due spicci rivendendo i suoi quadri (dipinti con le lacrime) e il padre lavora solo saltuariamente. Grazie alla borsa di studio di Anton, la famiglia Čechov riesce a trasferirsi in un appartamento leggermente più decoroso.

In questi anni, nonostante lo studio si faccia sempre più impegnativo, Anton si dedica a una produzione letteraria intensa: la forma che preferisce è quella della novella. Scrive centinaia di racconti sotto lo pseudonimo di Antoša Čechontè, soprannome che gli era rimasto dai tempi della scuola. Aveva anche composto un dramma di impegno, *Platonov*, inviando poi la sua opera a una grande attrice del tempo, perché la leggesse. Inutile dire che riscosse la stessa popolarità di un planetario in un congresso di terrapiattisti. Incassato l'insuccesso, il giovane Anton chiude il manoscritto in un cassetto e decide di ripiegare sugli scritti brevi.

Nell'ottobre del 1882 finalmente una gioia: Anton viene ingaggiato da Nikolaj Lejkin, direttore di *Oskolki*, una famosa rivista umoristica di San Pietroburgo, che gli commissiona una serie di racconti brevi e divertenti. La paga è così buona che Anton, per nulla avvezzo a tanta fortuna, si guarda intorno spaurito, aspettando che Teo Teocoli salti fuori da un momento all'altro urlando: «Sei su *Scherzi a parte!*» Nel 1884 pubblica a proprie spese, sempre sotto pseudonimo, la sua prima raccolta di novelle: *Le fiabe di Melpomene*. Questa volta la critica si accorge di lui, e lo massacra. A dicembre di quello stesso anno anche la salute sembra tradirlo, un colpo di tosse improvviso rivela una macchia di sangue sul fazzoletto: la tubercolosi. Il giovane Čechov non se ne cura, deciso com'è a dare uno slancio alla sua carriera. In quello stesso periodo infatti si laurea in medicina e apre il suo studio personale: i problemi economici, almeno per adesso, sembrano allontanarsi.

Nel dicembre del 1885 viene invitato a San Pietroburgo,

capitale politica e culturale della Russia, e qui viene presentato ad Aleksej Suvorin, ricco editore fondatore del prestigioso quotidiano *Tempo Nuovo*, che gli propone di collaborare col suo giornale. L'anno successivo Anton riceve una lettera inattesa e destinata ad avere un forte impatto su di lui: la scrive Dmitrij Grigorovič, riverito autore dell'epoca, che si dichiara un fervente ammiratore del suo genio e soprattutto lo esorta a farla finita «con quello stupido pseudonimo» e le novellette brevi. È tempo di fare sul serio, e di firmare col proprio nome. Anton seguirà il consiglio e nel 1887, pubblicata da Suvorin, uscirà *Nel crepuscolo*, la prima raccolta di novelle a nome di Anton Čechov. Il libro avrà, finalmente, un grande successo sia di pubblico sia di critica. Nel 1888 Anton pubblica invece, inizialmente su rivista, il suo primo racconto, *La steppa*. Quell'anno riceve il premio Puškin ed è l'inizio, per il Čechov scrittore, di una serie di successi e riconoscimenti.

Tuttavia la sua carriera di autore per il teatro fatica a decollare. Il proprietario del teatro moscovita gli commissiona una pièce, che Čechov termina in quindici giorni: *Ivanov*. La prima è un disastro completo: gli attori sono così cani che invece del curriculum avevano presentato il pedigree, roba che al confronto gli interpreti della serie *The Lady* di Lory Del Santo sarebbero candidati al David di Donatello. Per di più, molti dei teatranti recitano ubriachi per la maggior parte della rappresentazione. Lo stesso destino spetta alla sua commedia *Lo spirito della foresta*, la quale viene prima rifiutata dal teatro Aleksandrinskij di San Pietroburgo, per poi venire rappresentata al teatro Abramova di Mosca, dove alla platea vengono preventivamente distribuiti dei sacchetti per il vomito.

Nel marzo del 1892 Anton, che nel frattempo ha pubblicato un durissimo reportage sulla colonia penale dell'isola di Sachalin destinato a smuovere le coscienze dei russi, acquista una villa gigantesca nei pressi di Melichovo, tanto per urlare al mondo che ha fatto i soldi, e ci si trasferisce insieme ai membri superstiti della famiglia (il prediletto fratello Nikolaj è morto di tubercolosi anni prima). È il suo *buen retiro*, dove può dare sfogo alla propria passione per la natura e il giardinaggio. Qui compone opere come *Reparto n. 6*, *Il monaco nero* e, nel 1896, il dramma *Il gabbiano*. Ebbene sì, Anton ci riprova con il teatro tornando all'Aleksandrinskij di San Pietroburgo. Indovinate? Il dramma è un vero e proprio dramma, ma solo per Čechov che deve assistere a una platea piegata in due dalle risate.

Le sue condizioni di salute peggiorano, tanto da richiedere un ricovero in ospedale, e con l'arrivo dell'inverno Čechov è costretto a lasciare la Russia per andare a svernare in Francia prima, poi a Jalta. Il 17 dicembre 1897, tuttavia, una compagnia di coraggiosi (vi dice niente il nome Konstantin Stanislavskij?) organizza una seconda rappresentazione del *Gabbiano*, che stavolta si conclude tra scroscianti applausi e pubblici apprezzamenti. A questo successo segue presto quello di un'altra rappresentazione, *Zio Vanja*. Il 16 gennaio 1900 Čechov, insieme a Tolstoj e Korolenko, viene nominato membro onorario dell'Accademia russa delle scienze: il figlio del droghiere e nipote di uno schiavo era entrato nell'olimpo della cultura nazionale.

In questi anni Anton, che a quasi quarant'anni non è più di primo pelo ma rimane ostinatamente restio al matrimonio, inizia una intensa relazione con Ol'ga Knipper, bellissima attrice della compagnia del Teatro d'arte di Mosca, e prima interprete di numerosi personaggi cecoviani. La parte di Maša nelle *Tre sorelle*, fu scritta da Čechov appositamente per lei. Quasi tutti i personaggi cecoviani provengono dalla media borghesia russa e rappresentano degli antieroi incapaci di vivere e quindi di mutare il corso della propria esistenza. Non c'è una vera azione drammatica sul palcoscenico, la vita si consuma nel «non detto», in una quotidianità stagnante che sa di divano sfondato la domenica pomeriggio quando gli acari stanno banchettando con le tue carni. Tutte le sue storie seguono più o meno lo stesso schema: si parte con una situazione angosciante mista a noia e mal di vivere, nel mezzo si passa al dramma con qualche blando tentativo di cambiamento da parte dei protagonisti, i quali in conclusione si arrendono finalmente alla voglia di crepare. Detta così sembra anche la descrizione di un viaggio in macchina sulla Salerno-Reggio Calabria. Il problema (e anche la grande forza di Čechov) è che ognuno di noi è un personaggio cecoviano. A un certo punto della nostra esistenza ci renderemo tutti conto che la nostra vita ha preso una piega drammatica, un po' come quando ripeschi una tua foto da piccolo e ti chiedi quand'è che sei diventato tanto brutto, sciatto e infelice. Così rimaniamo vittima delle nostre azioni, incastrati in situazioni paradossali, eppure invece di cambiare noi stessi ci accettiamo in maniera rassegnata, alziamo i pugni al cielo e urliamo: «Va bene, mondo, sono qui! Accanisciti!» E quello che fa? Si accanisce, ovviamente. Una bella botta di ottimismo, insomma.

Čechov è stato un grande conoscitore dell'animo umano, la professione di medico lo deve avere aiutato non poco, e per questo sapeva portare sul palcoscenico tutta l'ironia di un'umanità ridotta al grottesco: il vero dramma, diceva, è che la vita non riesce a essere seria. Ma non chiamatelo decadente, Anton non si è mai riconosciuto in nessuna corrente letteraria, partito politico o movimento filosofico. Dalla scrittura esige «solamente» che sappia raccontare il reale, non cercateci quindi l'impegno sociale o qualche alto e astratto ideale. Non decadente dunque, ma nemmeno pessimista: come Balto, Čechov sa soltanto quello che non è. Diciamo che in generale riteneva che la radice di tutti i mali risiedesse nelle istituzioni politiche, ma credeva nel progresso e nella sua capacità di risollevare le sorti dell'uomo.

Ol'ga e Anton si sposano nel maggio del 1901 con una cerimonia super riservata che nemmeno Beyoncé e Jay-Z. Čechov, verrebbe da dire, si è finalmente convinto solo perché sa di essere prossimo a tirare le cuoia a causa della malattia, che lo scrittore vive sempre in maniera discreta nascondendola quanto più possibile alla famiglia. I piccioncini vivono per un periodo a Jalta insieme alla famiglia di lui. L'esperienza per Ol'ga non è delle più felici, la convivenza con la sorella e con la madre del marito, entrambe molto possessive nei confronti di Anton, è a dir poco turbolenta: le tre donne si accapigliano quotidianamente mettendo in mezzo Čechov, che già moribondo per i fatti suoi, inizia a invocare la morte. Per fortuna Ol'ga riparte presto per Mosca, Anton la raggiunge poco tempo dopo, seguendola nelle sue rappresentazioni.

Nel 1903 la tubercolosi di Čechov si aggrava. Con grande fatica lui porta a termine la sua ultima pièce teatrale, *Il giardino dei ciliegi*, che riesce a consegnare nelle mani di Stanislavskij a ottobre di quell'anno. Anton l'aveva immaginata come una commedia leggera, quasi una farsa – e c'è da capirlo, quest'uomo, se dopo la vita che gli era toccata in sorte ormai aveva il senso dell'umorismo di un animalista vegano nel reparto carni del supermercato – ma Konstantin (giustamente) la interpreta come un dramma sociale e Čechov ne resta molto scontento. Lo spettacolo comunque riscuote un grande e duraturo successo.

La tubercolosi riporta però Čechov a Mosca, e da Mosca a Berlino per consultare alcuni specialisti. L'opinione dei dottori è unanime: Anton è spacciato. Lui e Ol'ga si trasferiscono quindi in una stazione termale della Foresta

Nera, a Badenweiler. Qui lo scrittore muore il 9 luglio 1904 a soli 44 anni, dopo aver bevuto un sorso di champagne. Lo stile è stile.

Le spoglie di Čechov giungono a Mosca in un vagone sul cui fianco un cartello recita TRASPORTO DI OSTRICHE. Questa casualità produce un'indignazione generale, ma siamo certi che Anton avrebbe apprezzato molto, vedendoci magari l'incipit di uno dei suoi divertenti racconti di gioventù. In fondo, quale migliore abbinamento di ostriche e champagne?

CURIOSITÀ

Siamo sicuri che in mezzo a voi ci siano degli aspiranti scrittori, pertanto questa curiosità la dedichiamo tutta a voi. Quando siamo in procinto di scrivere una storia, occorre aver ben chiaro il cosiddetto «principio della pistola di Čechov», che recita: se in un romanzo compare una pistola, sparerà prima dell'ultimo atto (che è anche una delle citazioni più celebri del drammaturgo). Si tratta di una regola che è sempre bene ricordare, altrimenti rischiamo di riempire la nostra storia di pistole che non spareranno mai, rimanendo completamente inutili per il nostro racconto e facendogli perdere energia vitale, vedi il finale di *Game of Thrones* o quello di *LOST*. Come scrive Chuck Palahniuk, la pistola di Čechov è «una promessa o una minaccia che va mantenuta per concludere una storia».

Charlie Chaplin

Ragazzino dalla vita miserabile mette a frutto
le sue disgrazie e crea la maschera dolceamara
che lo renderà ricco e famoso in tutto il mondo.

Charles Spencer Chaplin nasce intorno al 16 aprile 1889, ed è subito *mistery*. La sua venuta al mondo, infatti, è avvolta nella fitta nebbia delle bugie che sua madre, Hannah Harriette Hill, gli ha ammannito per lungo tempo, nel tentativo di nascondere le proprie origini. Solo in età adulta Chaplin scoprirà di essere nato su un carro di zingari che stava *nomadando*, come direbbe la Meloni, dalle parti di Birmingham. La madre era una piccola star del *music-hall* (quello che oggi chiameremmo varietà) con il nome d'arte di Lily Harley, e aveva già avuto un figlio da non si sa bene chi quattro anni prima, Sydney. Charles invece era il regolare frutto del matrimonio tra Hannah e un guitto alcolizzato, Charles Chaplin Senior, che subito dopo la nascita del figlioletto pensa bene di filarsela in America

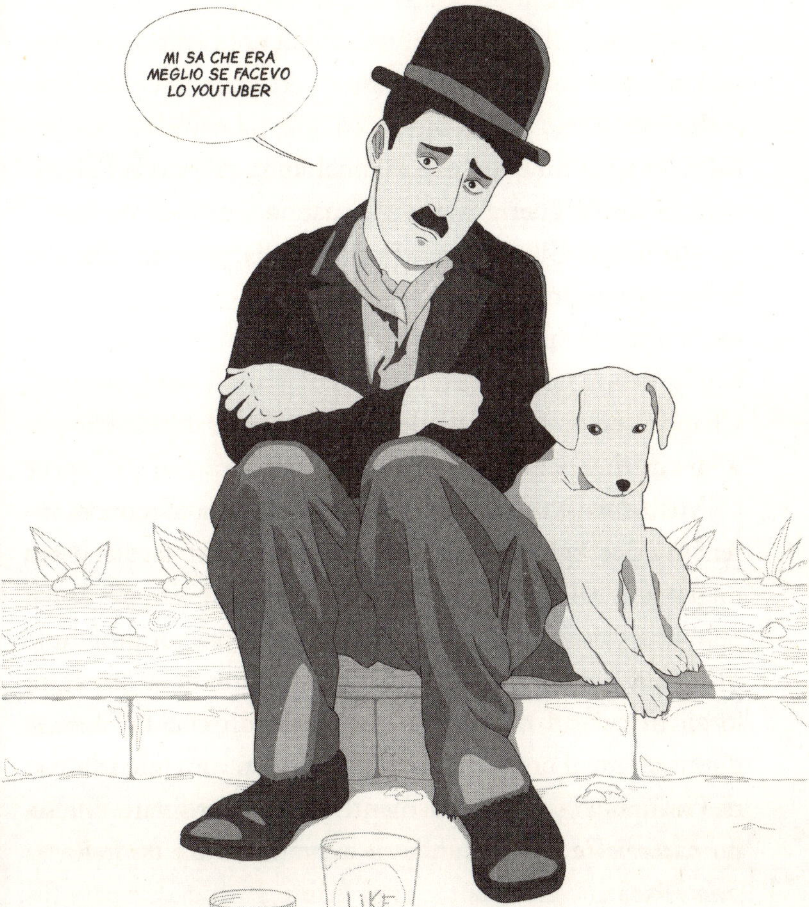
MI SA CHE ERA MEGLIO SE FACEVO LO YOUTUBER
LIKE
FAN

per una tournée (ed è già tanto che non abbia detto che doveva comprare urgentemente delle sigarette...) lasciando la moglie da sola a occuparsi di due bambini.

Da adulto Charles, comprensibilmente confuso, confesserà ad alcuni amici di non essere certo che Chaplin fosse realmente il suo padre biologico. C'è da capirlo, visto tra l'altro che l'unione tra lui e Hannah dura quanto la Polonia nella seconda guerra mondiale, pare a causa di un tradimento di lei. Chaplin sarà poco o nulla presente durante la travagliata infanzia del piccolo Charles, a parte dargli una spintarella per avviarlo alla carriera di attore, quando il bambino non ha ancora dieci anni. Poi, a soli trentotto anni, Chaplin senior morirà di alcolismo, e tanti saluti anche alla figura di riferimento paterna.

Ma torniamo a Hannah. Sola e senza un soldo, per mantenere i due figli e se stessa inizia a esibirsi in alcuni locali malfamati nel Sud di Londra – inutile aggiungere che il pubblico vantava lo stesso senso artistico di un programma qualsiasi con Enrico Papi. Si trattava di quel genere di locali in cui sul menu delle ordinazioni i cocktail hanno direttamente il nome del batterio da cui ti vuoi fare infestare. Così puoi stare comodamente seduto e ordinare, che so, un *Escherichia coli* con ghiaccio e limone o un *Helicobacter pylori* liscio.

Sydney e Charles trascorrono quindi un'infanzia più triste di un piatto di spaghetti col ketchup, ma almeno sono sempre insieme. Charles si adatta a fare qualsiasi lavoretto per strada e soprattutto segue la madre durante le sue esibizioni. Da lei apprende e coltiva quella capacità di leggere l'animo umano propria dei grandi interpreti. Impossibilitata a pagare l'affitto, la famigliola si sposta, materasso in spalla, da una cantina ammuffita all'altra, dietro di loro un antenato di Mastrota li insegue cercando di rifilargli la nuova promo Eminflex solo per oggi dal 1412. Chaplin calca il suo primo palcoscenico a cinque anni. Un giorno, mentre la madre si esibisce in un teatro di periferia, un'improvvisa raucedine causata dalla laringite trasforma la sua voce da usignolo in quella della buonanima di Califano. Il pubblico, costituito per lo più da zotici soldati, fischia e protesta, lanciandole addosso la qualunque: sedie, panche, bottiglie, il Gabibbo ubriaco. Il piccolo Charles sale allora sul palco per difenderla e il direttore del teatro, nella persona di Antonella Clerici, ne approfitta per lanciare un'edizione speciale di *Ti lascio una canzone*, facendo intonare al piccolo un noto brano dell'epoca intitolato *Jack Jones*. Inaspettatamente il pubblico va in visibilio, ricoprendolo di scellini. Il piccolo Charles interrompe l'esibizione e, prima di continuare, si china per raccogliere una a una le sue monetine.

Quando la salute di Hannah peggiora, la donna è costretta dalla miseria a mettere i due figli in un orfanotrofio. Charles soffre molto per quell'abbandono, anche perché Hannah non si farà vedere dai suoi figli per oltre diciotto mesi. In orfanotrofio i bambini vengono rasati, picchiati, messi ai lavori forzati e, quel che è peggio, obbligati a ridere alle battute di Laurenti in tv. A un certo punto appurano da un'orfana che la loro madre è impazzita e sta tentando di partecipare al concorso Vinci Salvini. La donna viene immediatamente ricoverata in manicomio, dal quale farà dentro e fuori per diciassette anni. A quel punto Charles e Sydney vengono affidati al padre, che intanto si è trovato una nuova compagna. La matrigna è una donna piacevole come un attacco di colite in fila alle poste e tratta i ragazzi in maniera crudele, quando è ubriaca non esita nemmeno a farli dormire sull'uscio di casa. La situazione degenera a tal punto da far intervenire gli assistenti sociali, i quali rispediscono i ragazzi a Hannah, uscita fresca fresca dal manicomio. La vita con la madre è miserabile come sempre e nella propria autobiografia Charles ironizza sulle loro condizioni scrivendo: «eravamo così poveri da non far parte nemmeno della classe povera, appartenevamo a quella dei mendicanti». Hannah si arrangia come può, facendo avanti e indietro dal banco dei pegni fino a quando non ha più nulla da impegnare.

Nel 1898 il Charles, che ancora non ha nemmeno dieci anni, trova lavoro in una piccola compagnia teatrale. Qui inizia ad affinare alcuni dei personaggi che lo renderanno celebre ma le condizioni della madre lo costringono a rinunciare. Va avanti così fino al 1910, anno in cui Sydney trova un posto nella compagnia di Fred Karno, allora il più grande impresario inglese di *music-hall*. Nello stesso anno Hannah viene definitivamente internata. Sydney mette in contatto Karno e Charles, che nel frattempo recitava in un numero intitolato *Jimmy the Fearless* insieme a Stan Laurel, il futuro Stanlio. Karno si innamora del personaggio del dandy ubriacone di Chaplin e decide di portarlo con lui in America nel 1912.

Negli Stati Uniti Chaplin raggiunge una discreta popolarità con lo sketch *A night in a London club*, anche se già in quegli anni il cinema stava mettendo in seria difficoltà il teatro comico-musicale. Le tournée all'estero lo portano anche a Parigi e in quegli anni Chaplin vive la sua prima cotta per un'attrice di nome Hetty, che però lo friendzona con la solita formula vigliacca « non sei tu, sono io », evidentemente già in voga al tempo.

Durante una delle sue rappresentazioni, Charles viene notato da Mack Sennett, l'inventore delle comiche, e nel 1914 entra nella Keystone, il principale laboratorio di comicità americana del periodo. La Keystone produce una serie di cortometraggi che fanno innamorare il pubblico del personaggio di Chas, preludio di Charlot, l'iconico vagabondo con baffetto, bombetta e bastone da passeggio. Questi corti sono classificabili nella categoria della *slapstick comedy*, un sottogenere del film comico basato su gag semplici e immediate (torte in faccia, inseguimenti), ma anche su parodie di film famosi. Nella sua semplicità il cinema muto è dotato di grande eleganza e con Chaplin in particolare assume un sapore dolceamaro in cui ogni sorriso è immancabilmente accompagnato da un fondo di malinconia. Oggi abbiamo a disposizione sonori pazzeschi, visioni 3D, colori ultra HD, tutto il comfort di una poltrona imbottita con rulli massaggianti, per assistere poi a spettacoli di fine comicità basati su scoregge, mariti fedifraghi e ombrelli che scivolano in orifizi anali al grido di *mammamiacomesto*!

Dal 1914 al 1917 la fama di Chaplin cresce a dismisura e lui inizia a fare i soldi, quelli veri. Dalla Keystone passa alla Essanay e subito dopo alla Mutual Film, con la quale firma per dodici corti e un cachet di 600.000 dollari all'anno. Dietro la macchina da presa è un tiranno fatto e finito, se una scena non lo convince è capace di mandare all'aria chilometri di pellicola. Con i soldi arriva anche il successo con le donne: Chaplin non è il classico attore belloccio con il culo di marmo e la mascella squadrata, ma si difende bene. Era alto solo 1 metro e 65 ma aveva dalla sua un sorriso affascinante e un *savoir faire* irresistibile, per non parlare a questo punto del conto in banca. Nella sua vita ha avuto più di duemila donne, in buona parte minorenni. Insomma, non molto alto, ricco, con una passione per un certo tipo di partner... manca solo un *mi consenta* e da Hollywood ad Arcore è un attimo. Peraltro, da quanto riferito da molte sue amanti, pare che Chaplin fosse una vera e propria macchina del sesso, un martello pneumatico in grado di copulare in un giorno tante volte quante diceva «Azione!» sul set.

Nel 1916 scrittura l'attrice Edna Purviance, facendone la sua primadonna per trentacinque pellicole. Charles la «scrittura» proprio per bene, i due vivono infatti una passionale storia d'amore che finisce appena due anni dopo con un esaurimento nervoso di lei, e conseguente alcolismo.

Nel 1918 è costretto a sposare in tutta fretta Mildred Harris, incinta di lui, non ci fu nemmeno il tempo per la confettata vari gusti. La gravidanza però si rivela falsa, Chaplin va su tutte le furie ma pochi mesi dopo le nozze la Harris resta incinta seriamente e dà alla luce un bambino con gravi malformazioni, che muore tre giorni dopo la nascita. Lui intanto fa ospitate a raffica in tutti i party esclusivi di Hollywood e via di bunga bunga come nei migliori anni Novanta.

La sua fama è in costante ascesa, con film come *Il monello* e *La febbre dell'oro* viene consacrato star internazionale. Nel 1927 l'affermazione del sonoro mette in crisi il personaggio, sempre muto, di Charlot. Chaplin decide di andare avanti per la sua strada e nel 1929 vince l'Oscar alla carriera – a quarant'anni è, tutt'oggi, l'attore più giovane ad averlo mai ricevuto. Nel 1931 esce *Luci della città*, anche questo senza sonoro. La famosa scena della fioraia venne girata per un totale di 342 volte e oggi è la più ripetuta nella storia del cinema – i cameramen sul set, a forza di stare in piedi, avevano sviluppato due polpacci grossi come angurie.

Cinque anni dopo vede la luce uno dei suoi capolavori indiscussi, *Tempi moderni*. Il film affronta il rapporto tra l'uomo e la macchina, sottolineando le tante contraddizioni degli Stati Uniti del tempo. I pantaloni sformati del vagabondo più famoso del cinema hanno rappresentato per Chaplin, e non solo, la rivolta contro le convenzioni sociali, i baffi simboleggiavano la vanità dell'uomo, il cappello e il bastone un tentativo di dignità, mentre le grosse scarpe gli impedimenti che lo intralciavano sempre.

Nello stesso anno Chaplin sposa l'attrice Paulette Goddard, o così pare, visto che la cerimonia si tiene in Cina e il divorzio in Messico. Per la serie «Amore facciamo il viaggio di nozze per divorziare». Non contento di aver superato anche Brooke di *Beautiful* in quanto a numero di matrimoni celebrati, nel 1941, a cinquantatré anni, inizia a fare la corte a Oona O'Neill, sedicenne. Adesso, *Ohana* vorrà anche dire famiglia secondo Lilo & Stitch, ma Oona suona tanto come «atto sessuale con minore», e conseguente reato penale, soprattutto negli States dell'epoca. La relazione suscita grande scandalo tra l'opinione pubblica, ma a Chaplin non gliene può fregare di meno. La coppia convola a nozze nel 1943, avranno otto figli.

Intanto nel 1940 era uscito *Il grande dittatore*, in cui Chaplin interpreta due personaggi: il dittatore Adenoid Hynkel, esplicitamente ispirato ad Adolf Hitler, e un barbiere ebreo perseguitato dai nazisti. L'imitazione caricaturale del Führer, insieme alla scena in cui Hynkel balla con il mappamondo sulla musica di Wagner, sono diventate leggenda. Pare che in seguito Chaplin dichiarò: «Se avessi saputo com'era spaventosa la realtà dei campi di concentramento, non avrei potuto fare *Il grande dittatore*, non avrei trovato niente da ridere nella follia omicida dei nazisti».

Il grande dittatore segna l'addio definitivo alla maschera di Charlot: l'avvento del sonoro ha ormai irrimediabilmente compromesso la sua esistenza.

Dal punto di vista politico, Chaplin si è sempre dichiarato pacifista; nonostante ciò nel 1947, dopo l'uscita del film *Monsieur Verdoux*, viene pubblicamente accusato di filocomunismo. In pochi mesi diventa il bersaglio principale dei sostenitori di Joseph McCarthy, tanto che nelle interviste l'attore appare sempre più esasperato dai giornalisti che gli urlano in faccia: «E allora il PiiDii??!» Siamo storicamente nel periodo in cui gli States sono dominati dal maccartismo, che aveva dato il via a una vera e propria caccia isterica al comunista. Finire tacciati di antiamericanismo era molto facile, anche perché questi vedevano comunisti ovunque, peggio del Cavaliere! Per citare Gaber, se andavi in giro con «le scarpette da ginnastica slacciate» eri sospettabile di comunismo, se mangiavi il gelato nel cono guai, la coppetta invece va bene, è di destra; se poi ti dolevano un tantino le cervicali e uscivi con la kefiah ciao, ti risolvevano il problema decapitandoti in piazza.

Nel 1951 Chaplin inizia a lavorare a un altro dei suoi capolavori, *Luci della ribalta*. L'attore si trova in navigazione con la famiglia verso la prima di Londra quando riceve la condanna definitiva del governo americano: «Per gravi motivi di sfregio della moralità pubblica e per le critiche trasparenti dai suoi film al sistema democratico del Paese che pure accogliendolo gli aveva dato celebrità e ricchezza».

A Chaplin, il quale nonostante vivesse in America da

anni non aveva mai rinunciato alla cittadinanza britannica, veniva in pratica intimato di non fare ritorno negli Stati Uniti. Si trasferisce dunque in Svizzera, da dove continua a lavorare a nuovi film. Nel 1972 gli americani si svegliano e lo invitano a recuperare il suo secondo Oscar, assegnatogli per «aver fatto delle immagini in movimento una forma d'arte del Ventesimo secolo».

Charlie Chaplin muore la notte di Natale del 1977 in Svizzera. Nell'annunciare la morte, Giovanni Grazzini scrive sul *Corriere della Sera*: «Aveva nel sorriso il pianto del mondo e nelle lacrime delle cose faceva brillare la gioia della vita. Toccato dalla grazia del genio era il guanto rovesciato della nostra civiltà, il miele e lo schiaffo, lo scherno ed il singhiozzo; era il nostro rimprovero e la nostra speranza di essere uomini».

CURIOSITÀ

Alla prima del film *Luci della città*, Charlie entrò in sala accompagnato nientepopodimeno che da Albert Einstein in persona. Quando gli spettatori videro quella strana coppia si alzarono in piedi e si misero ad applaudire con la stessa grinta del pubblico di *Uomini e Donne* davanti a una rivelazione shock della redazione. Pare che in quell'occasione Chaplin abbia mormorato al fisico al suo fianco: «Vede, applaudono me perché mi capiscono tutti; applaudono lei perché non la capisce nessuno». Severo ma giusto.

Giovanna d'Arco

Adolescente francese tosta come Chuck Norris
prende a calci volanti gli invasori inglesi
e i suoi connazionali, in segno di ringraziamento,
la abbandonano alla morte per rogo.

Giovanna d'Arco nasce il 6 gennaio 1412 a Domrémy, un paesello nella regione del Pentagramma a nord-est di FaSolLaSi. I suoi genitori sono degli umili contadini della Lorena e Giovanna, nonostante la povertà, si dimostra fin da piccola una ragazzina devota e caritatevole. Secondo le testimonianze dell'epoca, offriva spesso il suo letto ai vagabondi e procurava pasti caldi ai malati. All'età di tredici anni, mentre passeggia tranquillamente in giardino, viene sorpresa da un bagliore accecante e dall'apparizione di Paolo Brosio dagli studi della *Vita in diretta*. Spaventata, Giovanna scappa nel bosco guidata da voci celestiali e qui, secondo quanto raccontato da lei stessa durante il processo di Rouen, le appaiono san Michele Arcangelo, santa Ca-

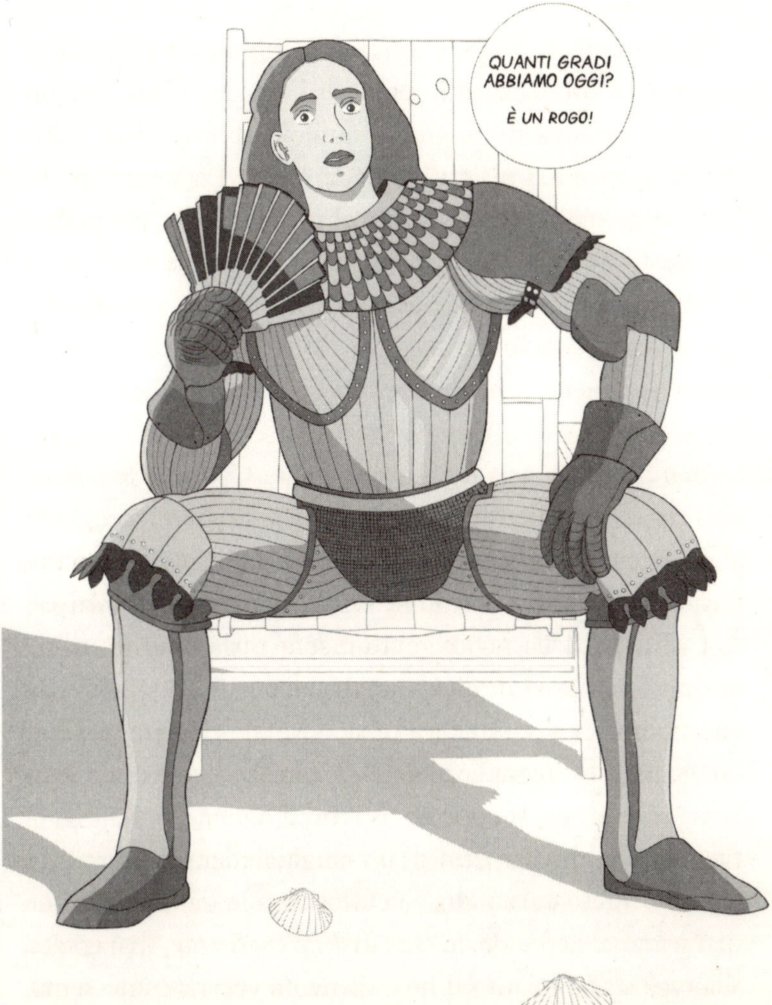
QUANTI GRADI ABBIAMO OGGI?
È UN ROGO!

terina e santa Margherita con una cofana di pasta al pesto per i poveri.

Nell'estate del 1428, a causa della Guerra dei cent'anni che vedeva combattersi il regno di Francia contro il regno d'Inghilterra e la Borgogna, la famiglia di Giovanna è costretta a spostarsi nella valle della Mosa. La situazione in Francia si stava facendo notevolmente critica: gli inglesi conquistavano terreno respingendo le baguette francesi su per i loro stessi deretani, e nell'ottobre di quello stesso anno erano ormai prossimi a occupare la città di Orléans. È in questo momento che le voci che parlano a Giovanna si fanno più insistenti, spingendola a correre in aiuto di Carlo, delfino di Francia e futuro re. Santa Caterina le comunica senza mezzi termini che gli inglesi devono raccogliere tazze e teiere e tornarsene a casa loro, ché con la scusa del tè delle cinque fuoriporta si erano un tantinello allargati. I genitori della ragazza, vedendola parlare un po' troppo spesso da sola in giardino, decidono di «distrarla» da questa mistica via, dandola in sposa a un giovane di Toul. Giovanna, che aveva fatto voto di castità in nome della sua causa patriottica, si oppone con forza, anche perché il giovane di Toul ha l'aspetto di un cinghiale con la piorrea. Il ragazzo, offeso dal rifiuto, cita Giovanna in giudizio davanti al tribunale episcopale che, miracolosamente, dà ragione alla ragazza in quanto il fidanzamento era avvenuto senza il suo consenso.

Ormai libera dagli spasimanti, Giovanna può dedicarsi

alla sua missione. Per prima cosa si dirige a Vaucouleurs dove riesce a incontrare il capitano della piazzaforte, Robert de Baudricourt, e a raccontargli delle sue visioni. Come immaginerete, Robert le dà una tachipirina 1000 e la invita a tornare a casa con una pezza fredda sulla fronte per farsi passare i deliri della febbre. Ma Giovanna non demorde, torna più volte dal capitano che, esasperato, e forse spinto dalla capacità della ragazza di infiammare il popolo e i soldati, decide di tagliare la testa al toro sottoponendola a un esorcismo. Appurato che non è posseduta da una legione di demoni che ballano il can-can, Rob ne conclude che la ragazza è, sì, fuori come un terrazzo, ma in buona fede. Quindi le assegna una scorta che la porti a Chinon davanti al delfino, così come Giovanna chiedeva.

La notizia del suo viaggio verso il castello di Carlo inizia a diffondersi per tutta la Francia. Giunta a Chinon, Giovanna attende due giorni prima di incontrare Carlo, essendo il reale delfino impegnato con affari improrogabili come le repliche di *Free Willy* su Rete 4. Alla fine, Giovanna riesce a incontrare Carlo in un salone pieno di nobili con la puzza sotto il naso; la ragazza gli confessa in ginocchio di essere stata inviata da Dio per salvare lui e il suo reame. Il delfino, diffidente come un agnello il venerdì di quaresima, prima affida la ragazza al suo vescovo confessore, poi la invia a Poitiers dove viene sottoposta a un interrogatorio condotto da un gruppo di teologi. L'esame si protrae per circa tre settimane, durante le quali viene anche comprovata la verginità della Pulzella (così veniva infatti chiamata Giovanna dalle sue voci). Solo dopo questa attenta analisi, Carlo dà alla ragazza, appena sedicenne, l'autorizzazione di «accompagnare» una spedizione militare in soccorso di Orléans, assediata e difesa da Jean, detto il Bastardo di Orléans, parente di Jon Snow.

Come ogni donna che si rispetti, anche l'innocente Giovanna, una volta arrivata in mezzo a tanti poderosi soldati, inizia a dettare legge: la sua. Per prima cosa allontana le prostitute che seguivano gli accampamenti, poi impone ai soldati di non bestemmiare, e così facendo praticamente abolisce gli unici due sollievi della vita militare, tant'è che alcuni coscritti iniziavano a chiedersi: «Ma quindi che ce semo venuti a fa'?» A farvi ammazzare, rispondiamo noi. Ma le riforme della Pulzella non si limitano a questo: stabilisce infatti che tutti gli uomini debbano riunirsi in preghiera due volte al giorno intorno al suo stendardo, e successivamente confessarsi. Inoltre, Giovanna bandisce saccheggi e violenza e, come primo effetto di questo regime, per la prima volta tra i militari e la popolazione inizia a stabilirsi un rapporto di fiducia e collaborazione. Soldati e capitani sono infervorati dalle sue parole, in grado di raccogliere centinaia di volontari al suo passaggio. Pur non avendo nessuna dote come combattente, Giovanna veste un'armatura bianca e porta sempre con sé il celebre stendardo raffigurante il Cristo benedicente il giglio francese. Ogni suo più piccolo spostamento viene accompagnato da stuoli di fedeli che intonano inni sacri, i quali provocavano epistassi ed episodi di orchite a destra e a manca tra le milizie francesi.

Contro i suoi nemici, Giovanna tenta prima la via diplomatica, indirizzando agli inglesi una lettera nella quale li invita ad abbandonare il territorio francese. Neanche a dirlo, gli inglesi rispondono con una sonora pernacchia. Il 29 aprile del 1429 la Pulzella giunge nei sobborghi di Orléans con un esercito di oltre quattromila uomini e, dopo aver incontrato il Bastardo di Orléans presso Chécy, entra nella città carica di provviste per la popolazione affamata. A questo punto quasi tutti i comandanti francesi vogliono rimandare l'attacco in attesa di rinforzi ma Giovanna irrompe nel consiglio, dal quale era stata esclusa, insistendo per dare battaglia già il giorno successivo. La mattina del 7 maggio le truppe francesi attaccano il portone fortificato de Les Tourelles e durante la battaglia Giovanna viene gravemente ferita. Medicata alla bell'e meglio, la Pulzella si ritira a pregare in un bosco vicino, dopodiché torna a cavallo a infiammare gli animi. Il secondo attacco è quello decisivo: gli uomini francesi guidati dalla Pulzella col fuoco negli occhi conquistano Les Tourelles. Il giorno successivo le forze inglesi degli altri forti si riuniscono in formazione di battaglia, lo stesso fanno i francesi. Essendo domenica e avendo le polpette sul fuoco, Giovanna non vuole che quella battaglia abbia luogo, tant'è che i due eserciti si fronteggiano romanticamente per più di un'ora a colpi di «Attacca tu!», «No dai, attacca tu!», «No, tu!», al termine dei quali gli inglesi si ritirano. L'assedio di Orléans si era finalmente concluso a favore dei francesi!

Fu solo la prima delle vittorie di Giovanna. Un'altra grande battaglia la aspetta infatti a Patay. Qui la vittoria dei francesi è schiacciante: gli inglesi perdono oltre duemila uomini, i francesi appena tre. Eppure, qualcosa di questa battaglia sconvolge profondamente Giovanna: per la prima volta assiste inerme alle barbarie compiute dai suoi stessi uomini, non più trattenuti dalla guida del Bastardo che aveva sempre fatto sue le regole della Pulzella. A ogni modo, dopo Patay molte città e piazzeforti minori si arrendono.

Nei giorni seguenti l'instancabile Giovanna convince il delfino e i suoi comandanti a marciare su Reims; mai prima di allora l'esercito era stato così forte e motivato, e la popolazione così favorevole alla rivalsa dei francesi.

L'esercito della Consacrazione, guidato formalmente dal Divin Cetaceo in persona, che in realtà era alle terme a sfiatare come un termosifone, inizia la sua marcia verso Troyes, roccaforte degli inglesi e luogo simbolo del conflitto. Proprio a Troyes, infatti, nel 1420 era stato firmato il Trattato con cui il re d'Inghilterra Enrico V e Carlo VI di Francia si erano accordati per unire le rispettive casate, grazie al matrimonio dello stesso Enrico con la figlia di Carlo, Caterina di Valois. L'accordo consegnava il regno di Francia agli inglesi, escludendo il delfino – figlio di Carlo VI – dalla successione.

Capirete che a quel punto il delfino si era un po' imbizzarrito, giustamente.

La nutrita guarnigione di inglesi e borgognoni asserragliata a Troyes, a ogni modo, per nulla impressionata dalla serie di successi ottenuti dalla «puttana degli Armagnac», come gentilmente chiamano Giovanna, sembra tutta intenzionata a dar battaglia, e a sfavore dei francesi gioca anche la scarsità dei viveri. Il consiglio dei capitani di guerra riunitosi davanti al delfino suggerisce di proseguire per Reims ed evitare la battaglia. Giovanna, adirata e stanca di dover combattere pure con quelle palle mosce, butta giù la porta con una testata e prega il re affinché le vengano concessi tre giorni per conquistare la città. Detto, fatto! Il 10 luglio Giovanna la Pulzella entra a Troyes con la sua compagnia, seguita da Carlo. Eliminato quell'unico ostacolo, il delfino entra a Reims senza colpo ferire. Qui Giovanna incontra i suoi genitori, accorsi per vedere con i propri occhi che carrarmato di figlia hanno generato. A Reims, il delfino di Francia riceve finalmente la corona (sudata, eh!), lo stendardo di Giovanna d'Arco è in prima fila davanti a quello di tanti e importanti nobili e condottieri.

In questa occasione Giovanna confessa al Bastardo d'Orléans di voler tornare nella sua terra e tra la sua gente. Le sue voci iniziano infatti a metterla in guardia contro le calunnie dei nobili che la vedono sempre più come una minaccia. La Pulzella consiglia di proseguire la battaglia e conquistare Parigi, ma molti aristocratici di corte sono convinti che una pace con la Borgogna possa portare loro maggiore profitto.

Il 21 settembre del 1429 l'esercito della Consacrazione, lo stesso che aveva condotto il delfino alla sua corona, viene sciolto definitivamente. Giovanna si sente costretta all'inazione e torna a corte. Qui Carlo VII nobilita Giovanna e la sua famiglia, donandole un'arme araldica e il privilegio di trasmettere il titolo nobiliare anche per via femminile. Tuttavia, Carlo rifiuta insistentemente di esaudire le richieste della ragazza che lo pregava per riprendere le armi.

Stanca di stare a corte a ingozzarsi di tartine con la salsa tonnata, Giovanna saluta Carlo VII nell'aprile del 1430. Nel periodo che segue ingaggia diverse battaglie contro le forze inglesi e borgognone ancora sul campo. Il 23 maggio 1430 tenta un attacco a sorpresa contro la città di Margny, dove trova una resistenza più forte del previsto. Mentre la Pulzella progetta la ritirata, viene strattonata giù da cavallo e catturata dagli uomini di Giovanni di Ligny, vassallo del duca di Borgogna al servizio degli inglesi.

Facile a dirsi, dopo pochi mesi di prigionia al castello di Beaurevoir, Giovanna viene venduta agli inglesi come prigioniera di guerra per una somma enorme, e portata a Rouen. Dopo la sua cattura quell'infame di Carlo VII non muove nemmanco una pinna per liberarla, probabilmente la Pulzella di Lorena era diventata troppo popolare e quindi scomoda. Alcune fonti parlano di una missione segreta di cui fu incaricato il Bastardo di Orléans per la liberazione di Giovanna. Sia come sia, sta di fatto che la nostra eroina viene abbandonata a se stessa.

Il processo per eresia e stregoneria inizia ufficialmente il 3 gennaio 1431, il ruolo di pubblico accusatore viene dato a Jean d'Estivet. L'organizzatore è Pierre Cauchon, vescovo francese notoriamente venduto agli inglesi, che già da tempo sognava di catturare Giovanna; la salita al trono di Carlo VII, infatti, costituiva una minaccia per la diocesi di Cauchon e quindi per i suoi interessi. Il processo mirava a screditare la ragazza, gettando l'ombra dell'inganno demoniaco sulla sua presunta missione divina. L'interrogatorio alla Pulzella di Lorena si svolge in maniera convulsa, oltrepassando largamente i limiti del ridicolo. Alla ragazza viene chiesto della sua infanzia, della comparsa delle voci, e di come queste l'abbiano condotta dal delfino di Francia.

Se Giovanna dichiarava, per esempio: «Da piccola mi piaceva preparare la torta di asparagi selvatici e scorrazzare insieme alle vacche», quelli sugli atti ufficiali trascrivevano: «L'imputata ammette di avere familiarità con i preparati di stregoneria e di avere avuto sovente rapporti sessuali abominevoli con animali consacrati a Satana». E guardate che non stiamo lavorando molto di fantasia. Il 27 e il 28 marzo vengono letti a Giovanna i settanta articoli che compongono l'atto di accusa, tra questi si legge che Giovanna avrebbe bestemmiato (in realtà aveva detto: «Porca paletta!» battendo il mignolo contro il banco dell'inquisizione, *N.d.R.*), portato con sé una mandragora (chi non lo fa! *N.d.R.*), stregato stendardo, spada e anello conferendo ad essi virtù magiche (fa già ridere così, *N.d.R.*); frequentato le fate, venerato spiriti maligni, tenuto commercio con due «consiglieri della sorgente» (erano gli addetti alla lettura del contatore dell'acqua, *N.d.R.*), fatto venerare la propria armatura e formulato divinazioni (aveva detto: «A Pasquetta piove sicuro», *N.d.R.*).

I settanta articoli vennero poi condensati in dodici (si vede che avevano finito la carta), e inviati a tanti spettabili teologi. In questi documenti Giovanna viene definita «idolatra», «invocatrice di diavoli» «blasfema», «eretica» e «scismatica», una cosetta da niente. Messina Denaro al confronto è un monaco benedettino.

Il 9 maggio Giovanna viene condotta nel torrione del Castello di Rouen, davanti al boia e ai suoi inquisitori. Qui, sotto la minaccia di una terribile tortura, le viene intimato di rinnegare quanto dichiarato. Giovanna, che durante il processo aveva dimostrato anche un'insospettabile vena umoristica, risponde alla richiesta con un lapidario: «Puppa!»

In realtà, dalle fonti che ci sono pervenute, Giovanna un'abiura la firmò. Pierre Cauchon, dopo l'episodio nel torrione, la fece portare nel cimitero della chiesa di Saint-Ouen, e qui la nostra Pulzella, sotto la minaccia del rogo e portata allo sfinimento dai suoi inquisitori, dichiarò: «Accetto tutto quello che i giudici e la Chiesa vorranno sentenziare!»

Con la firma di questa abiura, di sole otto misere righe, Giovanna acconsente a non portare più abiti da uomo e a non prendere più le armi. Nondimeno, la ragazza viene condannata alla carcerazione a vita nelle prigioni ecclesiastiche e a «pane di dolore» e «acqua di tristezza»: com'è umano lei, Signor Cauchon! Ma la malvagità e il sadismo del vescovo non finiscono mai di stupirci. Dopo l'abiura Giovanna viene riportata nel carcere di guerra, e non in una prigione ecclesiastica come di suo diritto. Cauchon sa che in carcere la ragazza non avrebbe avuto vita facile, tanto più indossando abiti femminili. Giovanna rifiuta infatti le vesti da donna, tant'è che il giorno dopo Cauchon e i suoi la trovano in abiti maschili. La ragazza confessa chiaramente di non aver capito una parola dell'abiura, e ribadisce con forza di sentire le voci dei santi che la accompagnano fin dall'infanzia. Il 29 maggio Cauchon riunisce per l'ultima volta il tribunale per decidere la sorte di Giovanna. Su quarantadue cornuti, trentanove dichiarano la necessità di leggere nuovamente l'abiura alla ragazza. Il loro potere, però, è solo consultivo: Cauchon condanna la Pulzella di Lorena al rogo.

Il 30 maggio del 1431, a soli diciannove anni, Giovanna viene condotta nella piazza del mercato di Rouen, scortata da circa duecento soldati. La ragazza venne incatenata a un lungo palo su un'alta catasta di legna, in tal modo fu perfino impossibile per il boia abbreviarle il supplizio della condanna facendole perdere i sensi prima, per poi bruciare il corpo già morto: sarebbe dovuta ardere viva.

La storia di Giovanna d'Arco ci invita prepotentemente

a riflettere sulla forza delle nostre idee. Non importa se credete in Dio, nel denaro, o nelle lasagne senza besciamella, l'importante è che crediate in voi stessi così strenuamente da sfidare il mondo, sconvolgendolo e, inevitabilmente, cambiandolo.

CURIOSITÀ

Esiste una teoria documentata secondo la quale
Giovanna d'Arco non morì sul rogo.
Uno scritto del 20 maggio 1436 conservato
nella Biblioteca nazionale di Parigi testimonia la presenza
della Pulzella presso la località francese di Saint-Privat;
pare che Giovanna in quell'occasione fosse in incognito
e si facesse chiamare Claude. Sul posto sarebbero
accorsi anche i suoi fratelli, riconoscendola!
Secondo questa teoria, Giovanna, sotto la falsa identità
di Jehanne du Lys, sposò in seguito un nobile,
Robert des Armoises. Quest'ultimo era imparentato
con il capitano De Baudricourt, l'ufficiale che aveva offerto
a Giovanna d'Arco la scorta affinché potesse recarsi
a Chinon. Gli sposi si sarebbero stabiliti in una residenza
collocata presso la chiesa di Sainte-Ségolène.
L'immobile fu demolito nel 1852; è rimasta soltanto
una porta di legno recante un rilievo davvero particolare:
l'effigie di Jehanne du Lys, straordinariamente somigliante
alle immagini di Giovanna che ci sono pervenute,
a riprova che, forse, Jehanne e Giovanna
sono la stessa persona.

Frida Kahlo

«Questo non va bene, rifacciamolo»:
pittrice messicana inaugura la selfie-mania ritraendosi
in 55 autoritratti, uno per ogni volta
che lei e il marito si misero le corna a vicenda.

Frida Kahlo è considerata oggi un'icona moderna quasi senza precedenti. Del suo lavoro e della sua vita si parla spesso come di una bandiera del femminismo moderno e del concetto di *body positive*: su di lei fioriscono biografie, blog, magliette e filtri Instagram che rischiano di banalizzare un'artista lontana anni luce da qualsiasi etichetta. Chi è dunque Friducha? Di certo non «la tizia messicana con i fiori in testa, i baffi e il monociglio», come vi sarà capitato di sentire (e in questo caso sareste autorizzati a tramortire il vostro interlocutore con una vanga da giardino). Frida è stata indubbiamente un grande esempio di anticonformismo, così come è indubbio che avesse l'estetista in cassa integrazione, ma soprattutto è stata molto più di questo:

IO AVRÒ PURE IL MONOCIGLIO MA 'STE INFLUENCER SU INSTAGRAM C'HANNO IL MONONEURONE

un'artista rivoluzionaria, una donna indomita e profondamente libera e un'attivista comunista, tanto per iniziare!

Magdalena Carmen Frida Kahlo y Calderón (eeeee macarena!) nasce il 6 luglio 1907 a Coyoacán, in Messico. Frida è una bambina allegra, un vero e proprio maschiaccio. La madre è una fervente cattolica che costringe lei e le sue sorelle a intense sedute di preghiera: un taco, un Salve Regina, un'empanada, un Gloria al Padre, un'enchilada, un Padre Nostro. Il padre Guillermo è un ebreo di origine ungherese, un uomo affettuoso e gioviale al quale Frida resterà sempre molto legata. Guillermo si guadagna da vivere facendo il fotografo e soffrirà di attacchi di epilessia per tutta la vita: da lui, ma anche dalla cultura messicana stessa, Frida assume quell'atteggiamento di fatalistico distacco nei confronti del dolore, caratteristica che traspare immediatamente dagli occhi fissi e duri dei suoi autoritratti. Già, perché la piccola Frida conosce il dolore fisico fin dalla più tenera età. A sei anni a causa di un difetto neonatale, la spina bifida, al tempo scambiata per poliomielite, rimane a letto per ben nove mesi. Come conseguenza della malattia Frida sviluppa una gamba più corta dell'altra e inizia a zoppicare, motivo per il quale i suoi coetanei la bullizzano chiamandola «gamba di legno». In quei mesi Frida comincia a sperimentare la solitudine ma anche quel tenace attaccamento alla vita che la accompagnerà per gli anni a venire.

A quindici anni è tra le trentacinque ragazze, su duecento studenti in totale, che vengono ammesse alla prestigiosa

Scuola nazionale preparatoria per diventare medico. Qui inizia ad avere le prime esperienze omosessuali e si avvicina alle idee del comunismo unendosi ai Cachuchas, un gruppo di studenti sostenitori del socialismo nazionale. Tra comunismo e omosessualità, ce ne sarebbe già abbastanza per togliere la fame ad Adinolfi, e abbiamo detto tutto. Infatti, sebbene giovanissima, Frida è molto sensibile alle cause del popolo messicano: pensate che dichiarava di essere nata nel 1910 perché si sentiva figlia della rivoluzione zapatista.

Il Messico e Frida sono due elementi inscindibili, l'uno ha compenetrato l'anima dell'altra e viceversa in una maniera profonda e del tutto unica. A scuola Frida inizia a frequentare il suo primo amore, Alejandro Gómez Arias, giornalista e studente di diritto. C'è da dire che Frida non era proprio la più fedele delle compagne: suscitò un piccolo scandalo al tempo la sua relazione con la bibliotecaria del ministero dell'Educazione, ma anche quella con Fernando Fernández, incisore e amico del padre. Insomma, quel giovane figlio dell'estate di Alejandro aveva più corna di un cesto di lumache.

All'età di diciotto anni, il 17 settembre 1925, un terribile avvenimento sconvolge per sempre la vita di Frida. All'uscita di scuola sale su un autobus insieme ad Alejandro e rimane vittima dello scontro tra il veicolo su cui viaggiava e un tram. Le conseguenze per la sua salute sono devastanti: la colonna vertebrale le si spezza in tre punti; si frantuma il collo del femore e le costole; la gamba sinistra riporta undici fratture e l'osso pelvico le si spezza in tre punti. Come se non bastasse, un corrimano dell'autobus le entra nel fianco e le esce dalla vagina. Frida subisce in totale trentadue operazioni chirurgiche e una volta dimessa dall'ospedale è obbligata ad anni di riposo nel letto di casa, col busto ingessato. Costretta all'immobilismo e in mancanza di Netflix, Frida si rifugia nella pittura, per la quale scopre un amore viscerale. Morale della storia: chissà quanti e quali talenti nascosti potrebbero fiorire dentro di te, se smettessi di inibire il tuo potenziale passando tutto il tuo tempo a guardare serie tv! La prossima volta che starai lì per cliccare sul tasto «prossimo episodio», pensaci.

Tornando seri, l'immagine di una Frida allettata che impugna per la prima volta in vita sua un pennello e dipinge un capolavoro mentre lo spirito del Botticelli discende su di lei come lo Spirito Santo, è una pura leggenda alimentata da qualche film sceneggiato con troppa fantasia. In realtà, Frida non era per nulla digiuna di tecnica pittorica, per di più aveva assimilato dal padre fotografo la capacità di inquadrare il soggetto sempre da una prospettiva particolare. Il soggetto del suo primo schizzo è un piede, il suo, l'unico oggetto osservabile da una posizione immobilizzata. Per rendere più sopportabile la guarigione della figlia, Guillermo costruisce uno speciale cavalletto che consente a Frida di dipingere anche da sdraiata; la madre aggiunge un baldacchino al suo letto e fa montare uno specchio nella parte superiore della struttura, in modo che la ragazza avesse sempre davanti la propria immagine riflessa. Adesso, provate a immaginare di svegliarvi e trovarvi davanti il vostro riflesso come prima visione della giornata; come minimo dallo spavento io farei una chiamata all'esorcista e una al medico legale. *Anyway*, Frida è Frida e non sarà certo una colonna vertebrale spezzata in tre punti a fermarla.

In quei mesi Frida dipinge un suo autoritratto, il primo di una lunga serie: *Autoritratto con vestito di velluto*. In questa tela la giovane pittrice appare con il volto quasi esangue, dietro di lei nuvole dense e scure sembrano comunicare il periodo drammatico che sta attraversando. Indossa un vestito da camera di velluto, e sotto sembra completamente nuda. Frida dipinge la tela con l'intenzione di regalarla ad Alejandro, una dichiarata richiesta di scuse per il proprio comportamento. In seguito alle tante e ramificate corna, infatti, i rapporti tra i due si erano molto raffreddati, e dopo l'incidente i genitori del ragazzo l'avevano spedito in Europa con la velocità di un reso di Zalando, sicuramente per evitare che il figlio portasse avanti il fidanzamento con una ragazza ormai disabile. Inizia un lungo scambio epistolare. Frida desidera il perdono, si dichiara pentita e cambiata. I due non torneranno mai insieme ma Alex, che covava giusto quel tantino di risentimento, accetta comunque l'autoritratto di Frida per farci le messe nere.

Frida dipingerà quasi esclusivamente autoritratti per il resto della sua vita: «Dipingo me stessa perché è il soggetto che conosco meglio», dice. Questo continuo ritorno a se stessa e alla sua vita, ma anche alla sua terra madre, il Messico, è la chiave di volta per capire l'unicità rivoluzionaria di Frida. Nel mondo della pittura la donna è quasi sempre stata relegata al ruolo di una musa ispiratrice o tutt'al più a un grazioso soprammobile da ritrarre nei più svariati contesti. Nell'immaginario collettivo la figura femminile è sempre rappresentata secondo i soliti stilemi: nuda e casta una volta, vestita con abiti svolazzanti e verginali l'altra, drammaticamente mortificata nel corpo e nello spirito un'altra ancora. Sia come sia, le viene sempre conferita un'espressione da beata ebete: esseri eterei che si muovono nello spazio di una cornice sotto soffitti damascati, sospinti dalla leggera brezza di una flatulenza al profumo di ibisco e sandalo. Per non parlare di un'infinita serie di ritratti in cui nobildonne più simili a scaldabagni ti fissano con certi occhi languidi che sembrano dire: «Guardami, hai visto quanto sono scema?» Niente di più diverso dai quadri di Frida, da quegli occhi penetranti che ti guardano con un'espressione a metà tra la sfida e l'indifferenza astrale.

Intorno al 1927 Frida si riprende abbastanza da poter iniziare a condurre una vita normale nonostante il dolore continuo. Un anno dopo si unisce a un gruppo di artisti che sostengono un'arte messicana indipendente e legata all'espressione popolare: il mexicanismo. In questo periodo Frida inizia a sviluppare il suo personalissimo stile: i suoi quadri sono pregni di elementi della cultura precolombiana, e lei inizia a ritrarsi in costume da indio, circondata da animali tipici come scimmie, cani itzcuintli, pappagalli e altre bestie multicolore. Negli anni a venire Frida inizierà a vestire il costume tehuana e gli abiti tipici dell'etnia zapoteca, non solo nei suoi autoritratti ma anche nella vita reale. (Qui concedeteci una «albertangiolata» dovuta: Tehuantepec è una cittadina messicana celebre per la sua reputazione di società matriarcale, in cui le donne conducono i commerci e sono famose per insultare e deridere gli uomini.) Le bluse squadrate, le gonne lunghissime, i gioielli vistosi, i fiori nei capelli e le pose da regina facevano di lei una divinità azteca in carne e ossa ed erano il manifesto visibile del suo pensiero antiborghese. Allo stesso tempo questo abbigliamento eccentrico le serviva per mascherare le deformità di un corpo sempre più martoriato dal dolore.

Nel 1928 Frida è ancora alla ricerca di conferme sul suo stile e decide di sottoporre il proprio lavoro al famoso pittore muralista Diego Rivera. Rivera è un uomo gigantesco, alto grasso e brutto come un calzino bagnato una mattina di novembre, gli amici lo chiamano scherzosamente (ma mica tanto) «il mostro». Nonostante questo, Diego è già stato sposato due volte e ha fama di essere un gran donnaiolo, dando comunque grande speranza a noi poveri mortali che non siamo nati con il culo di Brad Pitt.

Frida non è certo tipa da farsi intimidire, anzi, si presenta da Diego vistosamente scollata destando le ire dell'ex moglie di lui, Guadalupe detta Lupe. I due condividono gli stessi ideali politici, entrambi si oppongono alla morale borghese e tra loro scatta una forte attrazione reciproca. Frida, Diego e il Messico rappresentano una triade inscindibile, costante, un po' come Fedez, Chiara e Instagram. Ma quale Ferragnez? *Brangelina, who?* Noi tifiamo *Frivera*!

Il 21 agosto del 1929 Frida e Diego si sposano, lei ha ventidue anni e lui quarantatré. La madre di lei vedendoli insieme commentò dicendo: «È come far sposare un elefante e una colomba». Ma alla fine Frida non era mica così colombella, anzi, Diego la amava per la sua natura spregiudicata: beveva e fumava come un uomo, era spesso volgare nel linguaggio e tirava certi rutti che se ti trovavi sottovento rischiavi di venirne fuori con la stessa pettinatura di Claudio Bisio.

Il loro matrimonio è una vera e propria festa di partito: niente buffet, solo fiumi di tequila; nel giro di un quarto d'ora sono tutti ubriachi come delle scimmie. Complici i fumi dell'alcol, Lupe solleva prima la sua gonna, poi quella di Frida, e urla tra le lacrime: «Hai lasciato queste cosce per quei due bastoni di legno!» Tutto sommato l'ha presa bene. C'è da dire che col tempo le due donne diventeranno amiche (di corna), Lupe le insegnerà a cucinare i piatti preferiti di Diego.

Per i primi mesi di matrimonio Frida si trasforma in una perfetta mogliettina, prendendosi cura del suo *panzón* con cestini colmi di fiori e cibi portati sul posto di lavoro. Diego dal canto suo si dimostra da subito clinicamente incapace di fedeltà e pare che nessuna delle modelle che posavano per i suoi murales fosse immune al suo fascino. Insomma, Rivera è un po' l'amico cesso che tutti abbiamo o abbiamo avuto, ma che comunque rimorchia come un Alain Delon qualsiasi perché è *interessante*.

Frida sopporta come può, concedendosi qualche scappatella con altre donne, e commentando stoicamente i continui tradimenti del marito: «Diego è fatto così, non posso amarlo per quello che non è». Intanto quando tornava a casa lo riempiva di legnate, giustamente.

Nel novembre del 1929 Frida subisce il primo aborto: il suo fisico non è in grado di sostenere una gravidanza a causa dei danni riportati nell'incidente. Col tempo la pittrice sviluppa una vera e propria ossessione per la maternità, ma Diego si oppone ai pressanti tentativi di lei di rimanere incinta, anche perché per Frida voleva dire rischiare seriamente la vita.

Nel novembre del 1930 Frida e Diego si trasferiscono per quattro anni negli Stati Uniti e lei rimane incinta per la seconda volta, ma anche questa gravidanza si conclude con un aborto spontaneo. Frida ne è devastata e l'esperienza le ispira una delle sue opere più crude: *Henry Ford Hospital*. Un altro quadro di quegli anni è *Il mio vestito è appeso là*, una tela che rappresenta il desiderio di Frida di tornare in Messico e lasciare per sempre quella terra che lei chiamava «gringolandia». Come biasimarla! Stiamo pur sempre parlando del Paese che nei suoi supermercati vende il ragù alla bolognese in fusti da cinque litri, manco fosse varichina.

Nel 1934 Frida e Diego tornano finalmente in Messico e si stabiliscono in una casa doppia, due abitazioni del tutto indipendenti collegate attraverso un ponte. Lo scopo di questa bizzarra decisione era di preservare la quiete familiare, che vuol dire, in pratica, evitare che Frida si facesse il sangue amaro vedendo le pollastre di Rivera passeggiare nella sua camera da letto. In fondo il ponte fu progettato proprio per questo, perché Frida potesse scaraventare le amanti di Diego oltre il parapetto.

Diego cade in depressione e si rifiuta di lavorare sostenendo di aver perso per sempre l'ispirazione. Frida ha l'ennesimo aborto e inizia a collezionare bambole e animali domestici col chiaro desiderio di sopperire a quella maternità negata. I due si trovano presto in ristrettezze economiche e Frida propone la sorella Cristina come modella per Diego. Una mossa non proprio furba se considerate che Cristina era bella, sinuosa, bionda e andava dall'estetista a giorni alterni. Metteteci pure che Diego si sarebbe scopato anche una bottiglia di passata di pomodoro, e la frittata è fatta. Avete capito bene: Rivera esce dal letto di Frida per entrare in quello di Cristina. Quando Frida lo scopre non ci vede più e decide finalmente di lasciare Diego e andare a vivere da sola. Quello che segue è un periodo molto cupo per lei: si rende conto che non riesce a essere felice insieme a Diego, ma nemmeno senza di lui! *Ah, l'amour!*

Questo non vuol dire che un peperino come Frida non cercasse vendetta: intanto inizia a darla via come se non fosse sua, Rivera lo scopre e in preda alla rabbia ha pure la bella faccia tosta di distruggerle l'appartamento. In questi anni la pittrice sforna tele piene di dolore e risentimento: nel 1936 dipinge *Unos cuantos piquetitos* (qualche punzecchiata), ispirandosi a un fatto di cronaca realmente accaduto. Nel quadro si vede una donna sfigurata da una serie di coltellate mentre il marito la schernisce dicendo, appunto, «*Unos cuantos piquetitos!*», è solo qualche punzecchiata! È questa la risposta di Frida, che come al solito la tocca piano, ai tentativi di Diego di minimizzare il tradimento con Cristina giustificandosi con l'intramontabile: «È stata solo una scopata».

Nel '39 Frida completa una delle sue opere più celebri, *Due nudi nel bosco*: per la prima volta una pittrice (o più esattamente un artista in generale) parla così apertamente e senza troppe allegorie della sua omosessualità. Dopo essersi realmente tagliata i capelli per far dispetto a Diego, dipinge nel 1940 il suo *Autoritratto con i capelli corti*. In questa opera la pittrice veste panni da uomo, come se avesse annullato la sua femminilità per punire Rivera, intorno a lei la stanza è ricolma delle ciocche recise da quella chioma che l'uomo amava così tanto.

Nonostante tutto questo «odio su tela», Frida e Diego non riescono mai veramente a stare troppo lontani l'uno dall'altra. Nel 1937 Rivera favorisce la permanenza in Messico dell'esiliato Lev Trotsky e di sua moglie Natalia, ospitandoli insieme a Frida nella Casa Azul, l'abitazione di famiglia dei Kahlo a Coyoacán. Tra la pittrice e il rivoluzionario russo inizia un fitto scambio di pizzini bollenti che culmina in una vera e propria relazione, tanto per cambiare. Probabilmente per Frida la situazione era troppo ghiotta per non farla pagare al suo *panzón*. Comunque, Natalia, che pur non conoscendo la lingua non era certo una stupida, si accorge della relazione clandestina tra Lev e Frida e la situazione degenera in un tafferuglio scritto e diretto dai fratelli Vanzina.

Il periodo di relativa separazione da Diego (in realtà i due, come abbiamo visto, continuano a frequentarsi e scambiarsi lettere piene di rassegnazione) permette a Frida di uscire dal ruolo di mogliettina premurosa ed emergere come artista indipendente. Nel 1938 il padre dei surrealisti André Breton si reca in Messico per far visita a Trotsky e qui si innamora dei quadri di Frida. Un anno dopo organizza per lei una mostra a Parigi: personalità del calibro di Picasso e Duchamp impazziscono per le sue tele e il suo stile. Nell'ambiente artistico parigino definiscono il suo lavoro «inconsapevolmente surrealista»; in realtà Frida rifiutò sempre questa etichetta, e in effetti le sue tele hanno poco a che fare con l'inconscio e molto con i suoi drammi personali.

A soli trentun anni Frida è la prima donna sudamericana della storia ad aver venduto un proprio dipinto al museo del Louvre. Nel 1939 il celebre fotografo Nickolas Muray le scatta la foto che la consacra come icona sulla copertina della rivista *Vogue*. Con Muray, bello e dannatamente dannato, Frida intrattiene (ma va'?) una breve relazione. E stiamo pur sempre parlando di un uomo che entrava e usciva dai camerini di Marlene Dietrich, Greta Garbo, Esther Williams e, in seguito, di Liz Taylor e Marilyn. Se penso che a noi sono toccati i tronisti e le fashion blogger con la bocca a culo di gallina, mi sento male.

Ma in tutto questo, vi chiederete voi, Diego che stava facendo? Noi ce lo immaginiamo davanti al fornello del gas, in canottiera e mutandoni alla Fantozzi, mentre fa rosolare dolcemente il suo stesso fegato con una manciata di fave.

Nonostante i successi, Frida lascia presto Parigi, disgustata dai presunti intellettuali che la popolano e che lei definisce «prostitute che hanno consegnato l'Europa al nazifascismo». Tornata in Messico continua a produrre sempre nuove tele poiché non vuole dipendere economicamente da Diego. In questo periodo introduce nei suoi quadri molti elementi della religione cristiana, ritraendo spesso se stessa come una martire. Frida non era credente, ma elementi tipici del Cristianesimo come le corone di spine, i chiodi e i crocefissi erano per lei strettamente legati alla cultura popolare messicana, oltre che una rappresentazione della connotazione salvifica del dolore.

Nel dicembre 1940 Frida ci ricasca e sposa per la seconda volta Diego. I due vanno a vivere insieme nella Casa Azul. Tra i primi anni '40 e il 1950 le condizioni di salute di Frida peggiorano drasticamente: subisce sette operazioni alla colonna vertebrale e passa ben nove mesi in ospedale. In quel decennio è costretta a indossare oltre quaranta busti, tantissimi in gesso, alcuni in cuoio e uno perfino in acciaio. I dolori diventano presto così insopportabili che Frida arriva a buttare giù fino a due litri di cognac al giorno per poterli sopportare, e per lo stesso motivo inizia a fare largo uso di barbiturici. Il matrimonio con Diego prende presto una brutta piega: lui non sopporta di vedere Frida in quello stato e si assenta da casa per lunghe ore. A questo proposito una bellissima frase della pittrice ha definito meglio di qualsiasi biografia la loro relazione: «Con il nostro matrimonio abbiamo unito la fame con il desiderio di mangiare». Del resto, quando Diego era in casa la convivenza con Frida non era per niente facile: provata dalla malattia e dal dolore, quando non era sotto l'effetto di alcol o medicinali Frida era ingestibile e insofferente. Non si conta il numero di portacenere in vetro (tutti meritatissimi) che lei gli spaccò in testa durante le sue crisi di nervi.

Agli inizi degli anni '50 Frida è immobilizzata a letto. Nel 1953 l'amica fotografa Lola Álvarez Bravo le organizza la prima mostra personale in Messico. Il dottore le proibisce di alzarsi ed effettivamente lei non lo fa: si fa trasportare con tutto il letto alla galleria, nel centro di Città del Messico, e qui canta e beve con i numerosi partecipanti. Nell'agosto dello stesso anno i medici devono tagliarle la gamba destra fino al ginocchio, per le conseguenze di una cancrena. Quando qualsiasi persona si sarebbe arresa nel peggiore dei modi, Frida assapora intensamente ogni attimo di quell'esistenza travagliata, dimostrandosi ancora una volta un carrarmato di donna.

Il 2 luglio 1954, convalescente per una brutta polmonite, Frida esce di casa in sedia a rotelle accompagnata da Diego, per protestare con il suo popolo contro il regime del generale Castillo in Guatemala.

Si spegne pochi giorni dopo, il 13 luglio. La sera prima, presentendo la fine, aveva dato a Diego il suo regalo per il venticinquesimo anniversario di matrimonio. L'ultima riga del suo diario recita: «Spero che l'uscita sia gioiosa, e spero di non tornare mai più».

Noi ce la immaginiamo oggi in una sorta di limbo dantesco, a fumare e dipingere sulle pareti, magari mentre maledice in messicano le fashion blogger del nuovo millennio che si fanno i selfie su Instagram con il filtro dei fiori in testa.

Frida ci insegna che anche quando le avversità sembrano sovrastarci e il destino sembra averci scritturato per il prossimo film di Ferzan Özpetek, è il nostro atteggiamento a fare la differenza. In un mondo in cui le mode ci trasformano in sagome tutte uguali in nome di una finta diversità, ricordiamoci che più di cento anni fa è nata una donna che ha vissuto ogni singolo giorno in nome dell'espressione di sé, accettando il dolore e l'errore al punto tale da renderlo Arte.

CURIOSITÀ

Il quadro di Frida *Radici* è l'opera che detiene oggi il record del prezzo più alto per un'artista latino-americana: circa 5,6 milioni di dollari. La cantante Madonna in un'intervista del 2015 ha confessato di aver trovato ispirazione dalla figura di Frida negli anni più difficili della sua ascesa a pop star mondiale. Interrogata su ciò che ammirava di più della pittrice messicana, la cantante ha replicato: «*She didn't give a fuck*». Nient'altro da aggiungere.

Giacomo Leopardi

Poeta marchigiano con più malattie di un'intera stagione di *Dr. House* si trastulla il passero solitario al fresco della siepe componendo poesie di rara bellezza.

Giacomo Taldegardo Francesco di Sales Saverio Pietro Leopardi, per gli amici e i detrattori Giacomino, nasce nel 1798 nella ridente Recanati, da una delle più nobili famiglie dell'epoca. Il padre Monaldo, rimasto orfano in giovane età, aveva ereditato una vera fortuna, salvo poi dissiparla investendola male, un po' come quelli che hanno gridato al miracolo dei Bitcoin credendo di diventare milionari e un bel giorno si sono svegliati poveri come un abitante dello Zimbabwe. Per scongiurare il completo dissesto finanziario, la marchesa Adelaide Antici, sua moglie, aveva preso in mano le finanze della famiglia prima che Monaldo investisse gli ultimi spiccioli nel succo di cachi bio.

Giacomo riceve un'educazione religiosa di stampo gesuita, cresce e studia nella fornitissima biblioteca paterna che conta ventimila volumi e qui impara il latino, approfondisce la matematica, la teologia, la filosofia e a soli undici anni compone il suo primo sonetto.

Dal 1809 al 1816 Leopardi vive quella fase che lui stesso definisce di «studio matto e disperatissimo», espressione usata oggi impropriamente dagli studenti per descrivere sei ore passate con il libro davanti, a farsi selfie che metterebbero in imbarazzo un quadro di Picasso.

In quegli anni Jack impara perfettamente il latino e, da autodidatta, il greco, lo spagnolo, il tedesco, il francese, l'ebraico, il francese, l'inglese e l'yiddish; studia l'astronomia e la storia; scrive un saggio sulla storia dell'astronomia, su Pompeo in Egitto e sulla virtù indiana. Praticamente diventa una *Wikipedia* semovente capace di insultarti in dieci lingue differenti, sette delle quali morte.

Al contrario di quello che si può pensare, così come ci racconta il grande biografo Pietro Citati, il piccolo Giacomo era un bel bambino di un'allegrezza incontenibile. Poi intorno ai sedici anni qualcosa cambia; mentre a quell'età tutti i suoi coetanei sperimentavano cambiamenti fisiologici come la crescita di peli ovunque, alluci compresi, e la comparsa di una voce in pieno stile Barry White, il fisico di Giacomo inizia a mostrare i segni di una malattia terribile: la tubercolosi ossea, o morbo di Pott. La sua crescita si arresta improvvisamente intorno a un metro e quarantuno centimetri di altezza, il busto resta poco sviluppato rispetto

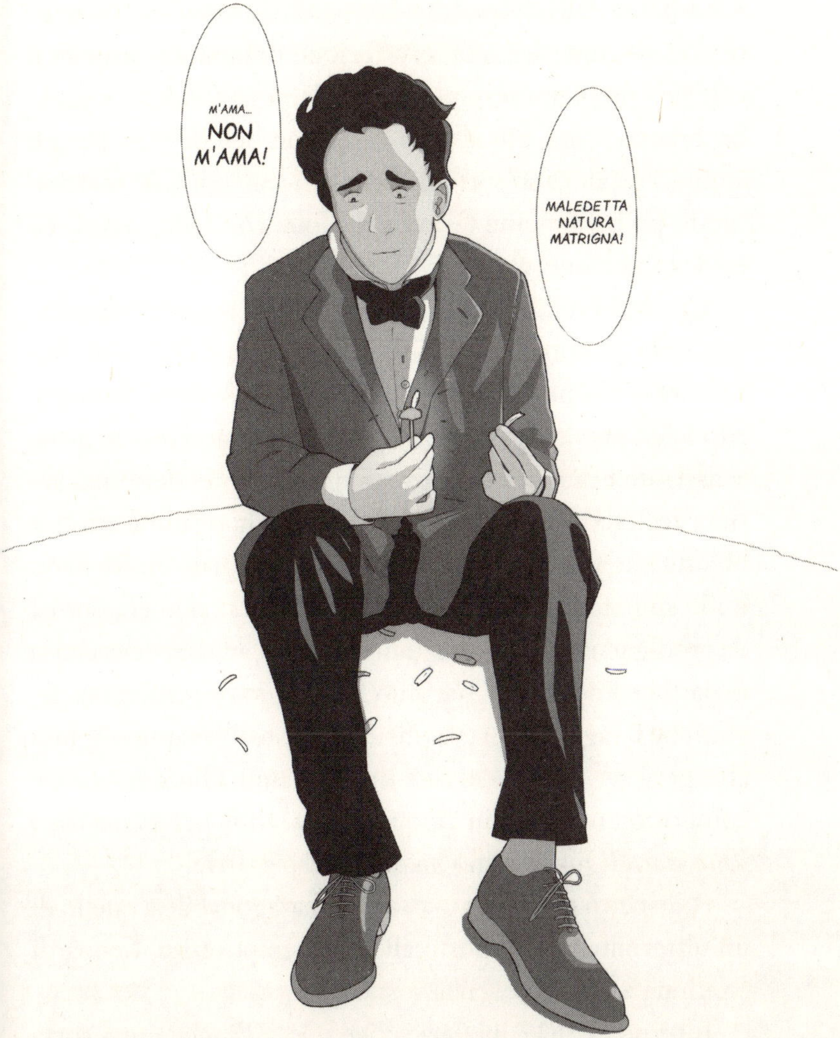
M'AMA... NON M'AMA!
MALEDETTA NATURA MATRIGNA!

alle gambe corte e tozze, due gobbe compaiono sul dorso e sul petto dell'adolescente Leopardi. A questo aggiungete dolori reumatici, febbre, affezione polmonare, problemi cardiaci, problemi respiratori, problemi neurologici a gambe, braccia, vista, più altri disturbi non ben definiti che gli studiosi catalogano sotto il nome di «generali». Al mattino molto probabilmente faceva colazione con latte, cereali ed estrema unzione, che non si sapeva mai.

Com'è prevedibile, la malattia gioca un ruolo fondamentale sulla personalità di Giacomo, che tra l'altro non può contare granché sull'affetto e il sostegno della famiglia. Monaldo provava per il primogenito un attaccamento quasi asfissiante, e più volte lo aveva spinto a intraprendere una carriera ecclesiastica. La madre, Adelaide, era un'ultracattolica bigotta e anaffettiva, rigida come il manico di un mocio e con il filo spinato intorno al cuore. La marchesa non era donna da prodigarsi in manifestazioni di affetto, anzi credeva che la malattia e i dolori di Giacomo fossero una benedizione divina che il ragazzo doveva offrire a Cristo. Nessuna sorpresa che, per l'avvicinarsi dei suoi diciotto anni, Giacomo avesse composto un poema in cinque atti dal titolo *Appressamento della morte*. Quando uno ha grandi aspettative!

A dispetto di uno stato di salute paragonabile a quello di un ultracentenario esposto all'uranio impoverito, Leopardi continua a produrre senza sosta.

Intorno al 1817 inizia a scrivere lo *Zibaldone*, una sorta di diario personale dove annota tutti i suoi pensieri. In quegli anni abbozza quella che in seguito diverrà la sua teoria del piacere, secondo la quale l'uomo è condannato all'infelicità in quanto egli tenderebbe non a un piacere momentaneo bensì al piacere infinito, vivendo di conseguenza in una condizione di perenne inquietudine. Giacomo conduce un'aspra critica contro il mondo moderno, che ha allontanato gli uomini dai grandi principi degli antichi. Per Jack questi ultimi erano capaci di provare forti passioni e grandi illusioni, proprio perché conservavano ancora l'alta fantasia, che consentiva loro di vivere senza cadere nel nichilismo. Per intenderci, il nichilismo è quell'atteggiamento di disperazione e sfiducia nei confronti del mondo che ti assale quando leggi i post dei terrapiattisti. Detto in una frase, il succo del suo pensiero era: è sempre stato un mondo di merda, ma almeno prima riuscivamo a immaginarne uno migliore. Se non è moderno questo! L'infelicità non è quindi insita nell'essere umano ma è il risultato di un processo storico, e cioè di un allontanamento dai veri valori causato da un finto progresso. In questa fase del pensiero leopardiano si parla infatti del cosiddetto pessimismo storico.

Influenzato dal pensiero del padre Monaldo, in quegli anni Giacomo è assalito da un profondo spirito patriottico che lo porta a scrivere componimenti come *Sulla tomba di Dante Alighieri* e *All'Italia*.

Nel 1819 è costretto a prendersi una pausa dai suoi studi a causa del riacutizzarsi dei problemi alla vista. Durante il periodo di convalescenza matura la decisione di lasciare

Recanati, luogo in cui non venne mai apprezzato per la sua produzione letteraria. Giacomo si sentiva tremendamente in colpa per la propria deformità, credeva infatti che fosse stato lui stesso a causarla con un eccesso di studio negli anni giovanili. Inoltre per le strade del «natio borgo selvaggio» il giovane conte veniva insultato spesso dai suoi coetanei, e per questo conduceva una triste vita da recluso.

Gli scritti del periodo mostrano una maturità sorprendente, anticipando temi centrali della filosofia del Novecento, uno tra tutti il concetto di noia come assenza sia di dolore sia di piacere: un modernissimo sentimento di apatia nei confronti del mondo.

In quegli anni il rapporto con Monaldo inizia a incrinarsi, Giacomo abbandona la religione e le idee reazionarie del padre, e inizia a meditare la fuga. Avendo l'agilità di un comodino senza una gamba, il primo tentativo fallisce miseramente. Quando nella vita vi sentite sfortunati pensate a Leopardi e fatevi un po' schifo da soli, per cortesia.

Giacomo cade quindi in un periodo di forte depressione, non che prima fosse l'anima della festa, sia chiaro. Ma non tutti i mali vengono per nuocere, perché è proprio in questo periodo che compone tre delle sue pietre miliari: *Alla luna*, *L'infinito* e *La sera del dì di festa*. Siamo nella fase della poetica leopardiana in cui la Natura è vista ancora come benigna, infatti l'uomo, pur irrimediabilmente infelice, può trovare sollievo nell'immaginazione. Un po' come quando sei a dieta, non puoi toccare cibo ma almeno puoi restare sul divano a sbavare immaginando una montagna di profiteroles con la panna. Soddisfacente? Per adesso sì, ma il pensiero di Leopardi è destinato a mutare ancora.

Passano gli anni e arriviamo al 1822. Giacomo ottiene il permesso dai genitori di trascorrere sei mesi a Roma dallo zio materno. Roma! La città eterna! Di tutte le sue bellezze quale colpirà l'anima di Leopardi? Il Colosseo? Il Pantheon? No, la tomba di Tasso. Leopardi lascia Roma dicendosi grandemente deluso da una città corrotta e piena di prostitute, praticamente come adesso solo con meno buche. Dopo il periodo romano il suo pensiero cambia ulteriormente, Leopardi passa dal pessimismo storico a quello cosmico. In questa nuova visione la Natura smette di essere benevola verso l'uomo per diventare «matrigna»: un meccanismo spietato fatto di leggi senza senso e senza scopo, che condanna le sue creature a un'esistenza dolorosa, anch'essa senza senso e senza scopo.

Jack torna nelle Marche e vi rimane fino al 1825. In seguito all'offerta di lavoro dell'editore Stella, si trasferisce a Milano e finalmente, alla tenera età di ventisette anni, conquista l'indipendenza economica. Tuttavia, dopo aver sentito per due volte «*taaaac*» seguito dall'invito: «Apericena?», il Nostro decide di lasciare anche Milano, col sangue al naso. Quindi si trasferisce a Bologna, dove si innamora di Teresa Malvezzi. Ve lo devo dire davvero? Va bene, l'amore non fu corrisposto.

Nel 1827, presso Stella, pubblica le *Operette morali* e da Bologna si trasferisce a Firenze, dove incontra nientepopodimeno che Alessandro Manzoni. Non sappiamo cosa si dissero di preciso i due, perché gli astanti caddero in un sonno irreversibile dopo i primi due minuti di conversazione.

Nel novembre del 1829 se ne va a Pisa e qui compone *A Silvia*, lirica ispirata a Teresa Fattorini. Leggendo le pagine dello *Zibaldone* scopriamo che Teresa Fattorini era la figlia del cocchiere di casa Leopardi, morta giovanissima di tubercolosi. A una prima occhiata il componimento sembra tenero e struggente ma noi crediamo che Giacomo, in seguito ai ripetuti rifiuti di Teresina, abbia voluto vendicarsi poeticamente. Basti pensare al verso iniziale, la cui lezione originale recitava: «Silvia tiri membri ancora», sicuramente in riferimento neppur tanto velato alla promiscuità della ragazza, che la dava a tutti tranne che a Giacomino nostro. E poi ancora: «*Sonavan le quiete / Stanze, e le vie dintorno, / [...] / Era il maggio odoroso: e tu solevi / Così menare il giorno*», versi indubbiamente riferiti alle potenti flatulenze della giovane.

A causa del riacuirsi dei problemi alla vista, Giacomo non può più scrivere e deve disdire il contratto con l'editore, rimanendo senza nemmeno uno scudo. Torna quindi a Recanati nella casa di famiglia, dove compone *Il sabato del villaggio*, *La quiete dopo la tempesta* e il *Canto notturno di un pastore errante dell'Asia*.

Dopo qualche mese, grazie a una sottoscrizione degli amici toscani, può tornare a Firenze, dove stringe amicizia con Antonio Ranieri. Insieme a quest'ultimo Leopardi si trasferisce a Napoli nel 1833. Si convince d'aver contratto la tubercolosi, la padrona di casa tenterà quindi di cacciarlo per paura di un contagio e il tutto si risolverà con il solito vortice di sfiga, paranoia e pizza *ca pummarola n'coppa*. Durante la sua permanenza nella capitale del Regno delle Due Sicilie, Leopardi compone i *Pensieri* e i *Paralipomeni della Batracomiomachia*, opera il cui titolo, se ripetuto per tre volte davanti allo specchio e senza incepparsi, ti fa apparire Leopardi in persona che ti dona una malattia rara a tua scelta.

Nel 1836 Giacomo scrive *La ginestra o il fiore del deserto*, un'opera fondamentale per capire il punto d'arrivo della filosofia leopardiana.

Benedetto Croce, uno dei maggiori critici italiani vissuti tra Otto e Novecento, parlando della produzione letteraria di Leopardi parlò di «vita strozzata» per indicare il fallimento di Leopardi che, vinto dalla depressione e dal pessimismo, non sarebbe riuscito a creare vera poesia. L'opinione di Croce ha influenzato per lungo tempo la considerazione del pensiero leopardiano, tant'è che ancora oggi il sistema scolastico presenta il poeta di Recanati come un tizio depresso che non ha fatto altro se non cantare la propria disperazione per tutta la vita.

L'esistenza terrena di Leopardi è stata senz'altro infelice, e quanto ne abbiamo sommariamente raccontato fin qui non fa che confermarlo. Tuttavia, nonostante e grazie al dolore sofferto, Giacomo Leopardi non si è mai arreso alla condizione d'infelicità del singolo. La ginestra è un fiore che non a caso cresce e fiorisce in luoghi aridi, confortandoli con il suo profumo. Allo stesso modo l'uomo nobile è colui che è cosciente della propria condizione e prova compassione per quella dei suoi simili, ben sapendo che la solidarietà tra esseri umani è l'unica arma a nostra disposizione contro una natura avversa. Giacomo è colui che per primo ci ha detto: restate umani, è tutto quello che abbiamo.

A Napoli la salute di Jack peggiora drasticamente a causa della sregolatezza della sua vita. No, che avete capito? Niente allegre donnine, droga e rock'n'roll! Il fatto è che Giacomino dorme tutto il giorno, beve litri di caffè e va pazzo per i dolci. Pensate che il giorno della sua morte, avvenuta subito dopo pranzo, il 14 giugno 1837, poco prima del compleanno, il poeta recanatese aveva mangiato un chilo e mezzo di confetti, una cioccolata calda, una minestra e un sorbetto al limone. Almeno se ne è andato con la pancia piena.

«Finalmente ha finito di soffrire», verrebbe da dire. Col piffero!

Grazie all'intercessione di Ranieri il corpo di Leopardi non viene gettato nelle fosse comuni ma tumulato nella chiesa di San Vitale Martire, a Fuorigrotta. Ma i conti non tornano e la versione che Ranieri fornisce agli amici cambia di volta in volta, tanto che verrà accusato di aver gettato il corpo di Leopardi in una fossa comune.

Secondo alcuni le spoglie di Leopardi riposano nel cimitero delle Fontanelle, per altri ancora in quello delle trecentosessantasei fosse e c'è anche chi pensa che sia in quello dei Colerosi.

Nel 1893, durante alcuni lavori di restauro nella chiesa di San Vitale, un muratore colpisce con una martellata la tomba e dalla cassa fuoriescono alcune ossa che verranno gettate senza nessuna cura in un ossario comune. Nel 1900 viene effettuata la ricognizione ufficiale e la tomba viene aperta. Al suo interno vengono ritrovati un pezzo di legno, con il quale era stato riparato il danno del 1893, un femore, altri frammenti ossei tra cui alcune costole, degli stracci e una scarpa col tacco. Sebbene la tomba fosse troppo piccola per contenere i resti di un uomo affetto da una doppia gibbosità, il caso venne chiuso e quei resti confermati come quelli di Giacomo Leopardi.

Nel 1939 Mussolini ordinò la riesumazione dei resti, che vennero portati al parco Vergiliano di Piedigrotta dove era stato eretto un monumento funebre in onore del poeta. Tutt'oggi Giacomo riposa lì. O almeno così pare.

CURIOSITÀ

Lungi dal ritratto del poeta timido e remissivo a cui siamo abituati, in realtà Giacomino era un uomo abbastanza presuntuoso. Il poeta recanatese aveva infatti un'alta considerazione di sé (e a buona ragione!) e non mancava di disprezzare pubblicamente, con battute saccenti, i suoi compaesani. Se è vero che i recanatesi non furono mai granché teneri con lui, Giacomo però sapeva difendersi bene.
A onore di cronaca dobbiamo aggiungere che in effetti Leopardi aveva un problema con l'igiene personale: non si lavava per settimane e pare provasse un piacere perverso nell'ammorbare gli altri con il suo olezzo.

Antonio Ligabue

Vagabondo semianalfabeta fulminato come un traliccio piscia in testa agli « studiati » dell'Accademia di Belle Arti e diventa un artista di successo.

Antonio Ligabue è soprannominato il « Van Gogh della Val Padana », genio, arte e sregolatezza in salsa tricolore insomma, anche per noi cresciuti a Cristina d'Avena e J-Ax. L'associazione con il pittore olandese non è tanto artistica, quanto biografica. Ligabue vanta infatti un mix letale di follia, genialità e autolesionismo che al confronto Alex DeLarge di *Arancia meccanica* è uno dei puffi.

Antonio Ligabue nasce a Zurigo il 18 dicembre 1899 da padre ignoto. La madre, Elisabetta Costa, è originaria di Cencenighe Agordino, un paesino in provincia di Belluno talmente dimenticato da Dio che pure l'onnipotente Google si è arreso davanti a tanta desolazione. La donna si sposta in Svizzera quando è già incinta, i motivi del trasferimento vanno quindi ricercati sia nella speranza di migliori condizioni di vita, sia nel tentativo di fuggire dalle malelingue di paese. Come immaginerete, all'epoca il marchio da poco di buono era un'infamia a vita, e non c'erano salotti di Barbara D'Urso che potessero riabilitarti agli occhi di un'opinione pubblica chiusa come il portafoglio della zia tirchia, avete presente il tipo, quella che a Natale ti allunga una banconota da dieci euro e ti dice pure di portarci a cena la ragazza.

Antonio viene registrato all'anagrafe con il cognome della madre, Costa, almeno fino a quando la donna non conosce il sarto Bonfiglio Laccabue. I due si sposano nel gennaio del 1901 e Antonio prende il cognome del patrigno. Bonfiglio e Betta mettono al mondo tre figli e, come succede nei più tristi dei documentari sugli animali della savana, quando al cucciolo nato da un primo accoppiamento sopraggiunge una nuova progenie con un secondo maschio, il piccolo sfigato viene abbandonato al suo destino. I genitori dell'anno Svizzera Edition se ne lavano quindi le mani e affidano Antonio a una coppia di coniugi svizzeri, Johannes Valentin Göbel ed Elise Hanselmann.

La nuova famiglia di Antonio è molto povera. Valentin lavora come carpentiere a giornata e spesso passa il suo tempo nelle osterie a bersi pure l'acqua del mocio. Laccabue cresce nella povertà più misera, afflitto da un ritardo nella crescita dovuto alla malnutrizione. Fin dalle elementari mostra qualche deficit d'apprendimento e viene inserito in

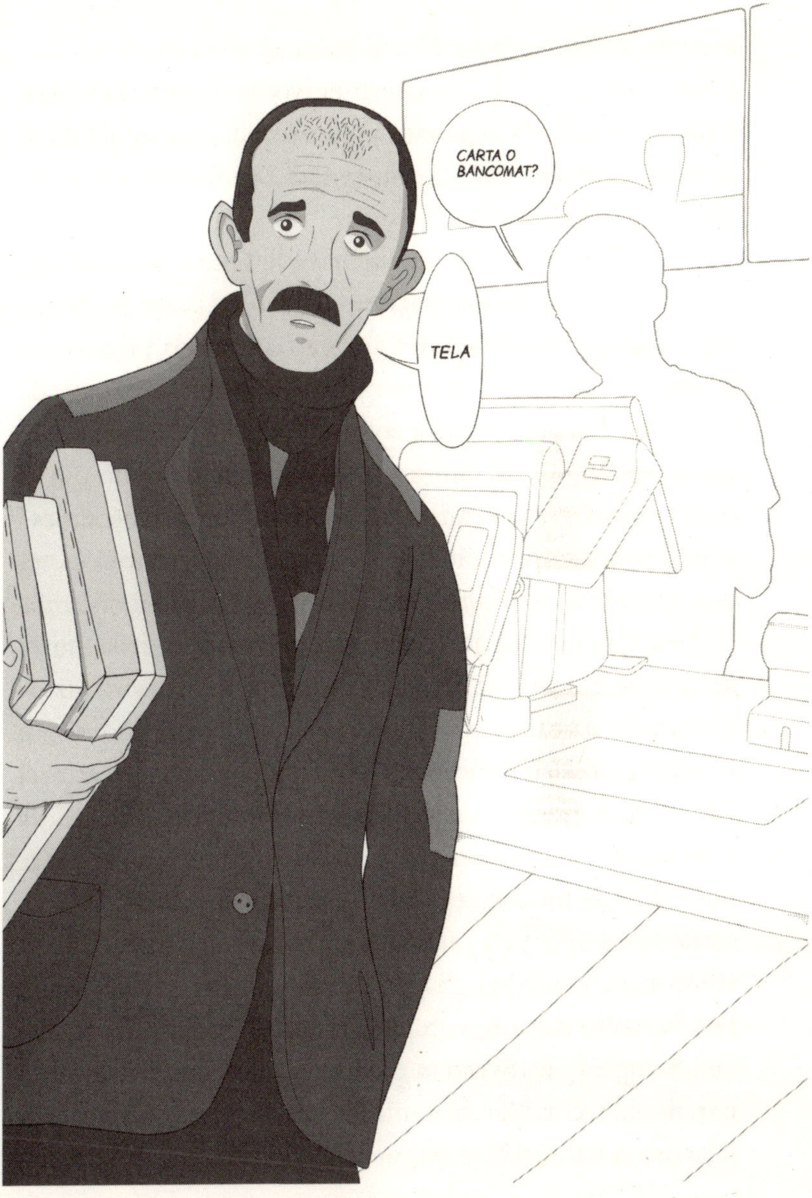
CARTA O BANCOMAT?
TELA

una classe differenziata. Da un punto di vista emotivo, oltre a essere soggetto ad attacchi di nervosismo, è un bambino schivo che agli esseri umani preferisce la compagnia degli animali, tratto che lo accompagnerà per il resto della sua vita – e dategli torto!

Nel 1913, dopo aver frequentato le scuole di San Gallo e quelle della vicina frazione di Tablat, viene iscritto a un istituto per portatori di handicap diretto da un prete di Marbach. Qui si distingue per la sua condotta immorale: da buon figlio di una veneta è solito imprecare e bestemmiare come una legione di demoni, cosa oltraggiosa, tanto più se la si pratica in un istituto ecclesiastico. Nonostante le pessime premesse, Antonio impara a leggere e a scrivere e, tra una crisi nervosa e l'altra, scopre la passione per il disegno.

Nel settembre di quell'anno riceve la notizia della morte della madre e dei tre fratelli, in seguito a un'intossicazione causata da carne avariata. Vengono aperte le indagini e Bonfiglio, manco a dirlo, è il principale indagato. Tuttavia l'uomo sarà presto scagionato perché estraneo ai fatti. A quel punto la stampa ripiega l'infamante accusa sulla defunta Elisabetta che, a sentir loro, conscia del fatto che la carne fosse andata a male, l'avrebbe comunque somministrata a se stessa e ai figli per sollevarli da una vita di stenti. Perché tanto accanimento da parte della pubblica opinione? Semplice, in Svizzera gli italiani erano considerati al pari di pidocchi, sporchi e infestanti, sempre pronti a rubare il lavoro ai nativi. Di conseguenza i giornali ci andavano giù pesante, sobillando il popolo degli orologi a cucù contro l'ultima nefandezza dei pastasciuttai, e omettendo naturalmente i crimini commessi dagli svizzeri stessi. Se state avendo un déjà-vu non preoccupatevi, tutto normale.

Nonostante tutto, Antonio si convince che l'omicida è Bonfiglio Laccabue al punto che, in seguito, modificherà il proprio cognome in Ligabue. Che poi, già che voleva cambiare cognome, tanto valeva inventarsi qualcosa che non comprendesse il maltrattamento di un bovino.

All'istituto le cose vanno sempre peggio. Dopo l'ennesima caterva di bestemmie in rima baciata, Antonio viene espulso e si trasferisce con la famiglia adottiva a Staad, dove trova lavoro saltuario come bracciante agricolo, e per lo più vagabonda per le strade. La sua salute mentale a questo punto dimostra la stessa stabilità di un partito della sinistra italiana quando non si scinde da ventidue secondi, e così, in seguito a una violentissima crisi nervosa, Antonio viene per la prima volta internato in un ospedale psichiatrico a Pfäfers. Dopo esser stato rilasciato torna dai suoi, impazienti di rivederlo come di compilare il modello 730. Nel 1919, in preda all'ennesimo raptus, ha un diverbio con la madre adottiva e la colpisce. La donna si rivolge alle autorità locali, che per tutta risposta espellono Antonio dalla Svizzera verso l'Italia, deportandolo a Gualtieri, per la precisione, paese natale di Bonfiglio Leccabue.

Nato e cresciuto nella Svizzera tedesca, Ligabue non sa una parola d'italiano, è solo al mondo e ha una grande nostalgia della matrigna (in mancanza di meglio!), perciò tenta di passare il confine per tornare a casa ma viene scoperto e ricondotto in Italia, dove inizia a vagabondare nel territorio del reggiano. Per combattere la solitudine si aggira tra gli alberi facendo versi e cercando così di comunicare con gli uccelli, i quali, leopardianamente indifferenti alle miserie umane, lo ricoprono di liquami. Dorme un po' dove capita finché non si costruisce una piccola capanna nei boschi, un civico più avanti della nonna di Cappuccetto Rosso. Dopo la pittura, l'altra grande passione di Antonio è camminare nella natura; è solito percorrere chilometri a piedi per la campagna circostante con uno specchio in mano e, rivolgendosi al proprio riflesso, si cimenta in una serie di espressioni una più brutta e buffa dell'altra. Non c'è da meravigliarsi che gli abitanti della zona gli affibbino il soprannome di Toni «El Matt», il matto. I suoi giochi allo specchio, oltre a essere indice certo della sua follia, gli servono anche come studio dal vivo per i numerosi autoritratti che continuerà a dipingere per tutta la vita, e infatti da quello specchietto non si separerà mai.

In questo periodo Ligabue si nutre di radici come Cristo nel deserto e, dal momento che è povero come uno studente fuorisede l'ultima settimana del mese, sfoga la sua vena creativa modellando l'argilla che ha precedentemente ammorbidito con la saliva. Le sue sculture iniziano a incuriosire i contadini del luogo e Antonio viene così proposto a un circo di passaggio, dove stanno cercando qualcuno capace di realizzare un'insegna. Ligabue lavora nel circo in cambio di un pasto caldo, pennelli e una scorta di pittura sufficiente per qualche settimana.

Nel 1920 trova finalmente un lavoro fisso, come scarriolante. Doveva trasportare la terra utilizzando, appunto, una carriola, durante le grandi opere di bonifica del delta del Po che si stavano realizzando nel periodo a cavallo tra Otto e Novecento. È proprio in questo contesto che Antonio inizia a dedicarsi in modo continuativo all'unica cosa che ha sempre amato: la pittura. Ritrae ciò che vede – la natura e soprattutto gli animali, la sola cosa che senta propria e che lo circonda – in una visione violenta e prorompente di vita.

Spinto dal bisogno gira per le cascine dei contadini e scambia i propri quadri, spesso dipinti su brandelli di lenzuoli, in cambio di pasti caldi e vestiti. Ma Ligabue è tanto brutto quanto furbo e mette in piedi una truffa che avrebbe fatto impallidire pure il mago Do Nascimento. Una volta venduto un quadro, Antonio torna dopo qualche tempo dal contadino che lo ha acquistato e lo richiede indietro con la scusa di aggiungervi qualche ultimo dettaglio. Una volta tornato in possesso della sua opera aggiunge sì dei dettagli, ma anziché restituirla al legittimo proprietario la carogna lo rivende al contadino della cascina successiva. Così facendo inizia a farsi un nome come truffatore, ma non solo, anche come pittore di un certo talento. Cosa credete? È così che nasce un imprenditore.

Nel 1928 per Ligabue avviene il cosiddetto *life changer*,

espressione inglese che indica il momento che ti svolta l'esistenza, un po' come quando stai facendo la coda alla cassa con un litro di latte in mano e la signora davanti a te, che ha appena svaligiato il supermercato, mossa da *pietas* cristiana ti fa passare davanti. Il *life changer* di Ligabue porta il nome di Renato Marino Mazzacurati, scultore, pittore nonché uno tra i massimi esponenti della Scuola Romana, un gruppo di artisti abbastanza eterogeneo ma dalle forti tinte espressioniste. Marino Mazzacurati riesce a vedere in Ligabue il talento oltre il disagio, gli insegna a utilizzare i colori a olio e si spenderà molto per far conoscere la sua opera. I tratti dei dipinti di Ligabue sono nervosi e violenti, ma alternati con dettagli precisi che conferiscono all'opera la melanconia che è il suo marchio di fabbrica. I soggetti sono spesso ritratti in ambienti rurali e campestri, dove ciò che Antonio vede si mescola ai suoi ricordi tra la Svizzera e gli argini e le campagne del Po.

Artista dal tocco primordiale, spirituale e selvatico insieme, oggi Ligabue è riconosciuto come uno dei geni della pittura naïf, termine con cui viene indicata una produzione artistica spontanea, elementare, non codificata da scuole o correnti di pensiero. I pittori naïf sono spesso autodidatti di modesta estrazione sociale che dipingono per loro stessi, esprimendo una visione realistica e insieme fiabesca della realtà. Attenzione però, disegnare peni sulle finestre appannate non è considerato naïf ma maleducato, quindi non fatelo, soprattutto se avete superato il nono anno di età.

Nel 1932 Antonio è ospite di Licinio Ferretti, celebre collezionista d'arte. In quello stesso anno dipinge il bellissimo *Leone con leonessa*, un quadro molto diverso dalla produzione abituale di Ligabue. La sua fama inizia a crescere lentamente, ma solo dopo la guerra riceverà concreti segnali di interesse da parte della critica. Intanto però il successo gli consente di vivere dignitosamente della propria arte. Ma nonostante inizi a intravedere la luce in fondo al tunnel, nel 1937 l'artista ha un'altra ricaduta e, in seguito ad atti autolesionistici, viene internato nel manicomio di Reggio Emilia. La diagnosi parla di attacchi di epilessia, all'epoca curati con sedute di elettroshock e camicie di forza – che è un po' come curare il raffreddore con una corsetta sotto la pioggia di novembre. Rimane in manicomio quattro anni fino a quando, grazie all'intercessione dello scultore Andrea Mozzali, viene finalmente dimesso. Ligabue trascorre qualche tempo nella villa di Guastalla del suo liberatore e nel 1944 dipinge uno dei suoi più grandi capolavori: *Aquila con volpe*.

Nel mentre, l'Italia è entrata in guerra e inizia a prendere schiaffi su tutti i fronti, il motto «Vincere e vinceremo!» si rivela una delle più grandi gufate della storia (seconda solo alla frase: «Secondo me Ned Stark siederà sul Trono di Spade» pronunciata da mia madre dopo la seconda puntata di *Game Of Thrones*) e il nostro ex Laccabue, ormai Ligabue, grazie alle proprie origini svizzere si rivende come interprete per le truppe tedesche. Un giorno un soldato tedesco che gli aveva commissionato un ritratto si lamenta con Ligabue perché gli ha fatto il naso aquilino, tratto inaccettabile per un tedesco poiché distintivo della «razza inferiore» (non ditelo a Dante, ovviamente!) La cosiddetta razza superiore tedesca – se per superiore si intende la capacità di scatenare due conflitti mondiali e perderli entrambi – era evidentemente convinta che i propri esponenti avessero solo nasi dritti come squadrette. All'udire quella critica Antonio sorride e ribatte che lui lo trova un naso molto bello. Il soldato si infuria a quelle parole e si accinge a colpire il pittore, che però, giustamente, lo anticipa fracassandogli sul cranio una spessa bottiglia di vetro. L'episodio gli frutta un altro viaggio in manicomio, ma alla soddisfazione non c'è prezzo.

Tornato libero tre anni più tardi, nel '48, Ligabue scopre che il valore delle sue opere è aumentato, tanto da riuscire a barattare un proprio quadro per una Moto Guzzi usata. È l'incontro con la libertà. Il pittore, che non aveva mai guidato una moto in vita sua, passa intere giornate a sgasare senza meta. Fortunatamente non incorre in nessun incidente ma ci pensa da sé a farsi male: una selva di voci gli parla infatti con insistenza nella testa e per farle smettere Antonio si prende a sassate il cranio fino a svenire. Altre volte viene sopraffatto dal desiderio di somigliare alle sue amate aquile, allora inizia a prendere a testate i muri fino a ritrovarsi col naso di Voldemort – siamo di fronte all'inventore della chirurgia plastica low cost!

A una certa, Ligabue si rifugia nello sgabuzzino di una stazione Agip e lo trasforma nel proprio laboratorio. Qui realizza una delle sue opere più acclamate, la *Vedova Nera* (aracnofobi, astenersi dal googlarlo se adesso non ce l'avete ben presente. Poi non dite che non vi avevamo avvertiti). Quando è in fase creativa lo si sente urlare e muggire dentro il suo capanno. Gli esorcisti della zona che vi si avvicinano corrono via terrorizzati con le mani sopra la testa, perdendo la fede e le mutande. Mentre dipinge Ligabue vive insomma in completo isolamento ma poi, un giorno, un curioso si avvicina e fa un foro sulla porta. Il guardone si chiama Augusto Tota. Ligabue lo scopre e si arrabbia, ma Augusto non si dà per vinto, torna a spiarlo e nuovamente viene scoperto. Il teatrino va avanti finché il pittore non concede all'uomo l'onore di assisterlo mentre lavora. Ligabue non ha trovato solo uno spettatore, ha trovato un amico.

I due entrano in affari: Antonio dipinge, Augusto vende, i guadagni vengono divisi a metà. Nessuno avrebbe scommesso un euro su questa coppia che sembra un cosplay malriuscito di Stanlio e Ollio, eppure funziona. I primi quadri vengono venduti a cinquecento lire, poi a diecimila, fino a raggiungere le ventimila lire e a salire ancora. A Roma, Milano e Parma il nome di Ligabue non è più quello di un pazzo, né tantomeno di un oscuro sconosciuto.

Nel 1955 Antonio Ligabue allestisce la sua prima mostra a Gonzaga, in occasione della Fiera Millenaria. La sua consacrazione definitiva arriva nel 1961, con l'esposizione alla Galleria La Barcaccia di Roma. Ormai è una vera e propria star, di lui parlano anche Montanelli e De Chirico. Con il successo arrivano anche i soldi: Antonio compra una macchina e assume un autista. Il quale scappa a gambe levate dopo pochi mesi, e non c'è da biasimarlo. Immaginate di avere un datore di lavoro che dal nulla inizia a fare il verso della poiana facendovi prendere un coccolone. Il secondo autista, Nerone, rimarrà con lui fino alla sua morte. Ligabue decide di prendere finalmente anche la patente per la moto – dopo averla guidata allegramente per ben dieci anni, naïf in tutto e per tutto – e, ironia della sorte, da neopatentato ha il suo primo incidente e finisce in un fosso.

Nel corso della propria sfortunatissima vita Ligabue ha più volte cercato l'amore di una donna, ma invano. Diciamo che quando hai l'aspetto di un matto da camicia di forza, per di più povero in canna, non è molto facile. A questo punto della sua vita l'artista ha preso alloggio a Gualtieri alla locanda Croce Bianca e qui si invaghisce di Cesarina, la proprietaria, dalla quale elemosina qualche bacio e qualche carezza. Per sopperire alla mancanza di una donna, ogni notte indossa biancheria femminile si dà la buonanotte e si corica felice. Una cosa da strappare il cuore, lo so.

La notte del 18 novembre 1962 Cesarina e suo fratello sentono un urlo provenire dalla camera di Ligabue, accorrono e lo trovano accasciato a terra. La parte destra del corpo del pittore è completamente paralizzata. Ligabue viene trasferito al ricovero Carri di Gualtieri, lo stesso nosocomio che lo aveva accolto appena giunto in Italia. Rimarrà lì fino alla fine dei suoi giorni, incapace ormai di dipingere, lamentando la libertà perduta e la mancanza di una figura femminile. La morte lo coglierà il 27 maggio 1965. Poco prima aveva chiesto di essere battezzato e cresimato, all'età di sessantacinque anni.

Giunto in Italia come Toni «El Matt», lasciò questo mondo come Toni il Pittore dopo aver combattuto contro tutti, ma soprattutto contro se stesso. Venne seppellito a Gualtieri, cittadina che nel 1919 lo aveva accolto con tanta repulsione ma che oggi è conosciuta nel mondo proprio per aver ospitato i giorni di quello strano vagabondo. Sulla sua lapide un ignoto ha scolpito queste parole: «Il rimpianto del suo spirito, che tanto seppe creare attraverso la solitudine e il dolore, è rimasto in quelli che compresero come sino all'ultimo giorno della sua vita egli desiderasse soltanto libertà e amore».

CURIOSITÀ

Prima di iniziare a dipingere, Ligabue eseguiva un vero e proprio rituale magico, attestato da diversi documentaristi accorsi a Gualtieri a conoscere il pittore negli ultimi anni della sua vita. Ligabue era convinto che uno spirito gli impedisse di riconoscersi nei suoi autoritratti, così indossava lunghi abiti femminili e si appollaiava sul pavimento facendo strani versi e improvvisando una piccola danza. Per lo stesso motivo, alcuni giurano di averlo visto mescolare i colori con i suoi escrementi prima di stenderli sulla tela.

Freddie Mercury

*Un immigrato africano trova un porto socchiuso
e arriva in Inghilterra, da dove conquista
il mondo intero con la sua musica.*

Chi nella vita non ha mai ascoltato almeno una volta una canzone dei Queen? Dico a voi, se non avete mai messo alla prova la vostra dignità imbracciando un aspirapolvere sulle note di *I Want to Break Free*, siete degli indebiti possessori di un paio di orecchie, vergogna!

Pensando a Freddie sul palco durante le sue esibizioni live è difficile credere che un tale performer sia stato in realtà un uomo fragile e insicuro. Ma, come è già accaduto con gli altri nostri «sfigati», anche nel caso di Freddie scopriremo che i suoi tormenti hanno contribuito alla sua grandezza.

Farrokh Bulsara nasce il 5 settembre 1946 a Stone Town, la parte vecchia di Zanzibar City, capitale dell'isola di Zanzibar, un autentico paradiso in terra nell'oceano Indiano. A

Stone Town Farrokh passa i primi otto anni di vita in una grande casa con tanto di servitù. Bomi e Jer sono due genitori attenti – forse un tantinello anaffettivi, le uniche volte che lo toccavano era per sentire se avesse la febbre. Lui, che è un bambino timido e sensibile come una bottiglia di plastica scricchiolante alle due di notte, risente non poco di questa mancanza di contatto fisico.

I Bulsara sono originari dell'India e praticano la religione zoroastriana, una fede che si basa sugli insegnamenti del profeta Zarathustra, quello che *così parlò* secondo quel baffone di Nietzsche. Lo zoroastrismo non propone comandamenti formali ma solo tre buone pratiche da osservare: buoni pensieri, buone parole e buone opere. Fin qui tutto bene, quasi quasi mi converto. Tuttavia se c'è una cosa che proprio li mandava fuori di testa, questi bravi zoroastriani, è l'omosessualità. Essere gay, almeno ai tempi, non era un peccato per cui te la cavavi con tre Gloria al Padre e due Salve Regina. Equivaleva più o meno all'essere posseduto da Belzebù in persona. Questa informazione ci servirà più avanti per capire alcune scelte di Freddie.

Quando ha sette anni, con enormi sacrifici i genitori lo spediscono a Panchgani, in India, a oltre quattromila chilometri da casa, per frequentare la prestigiosa St. Peter School. A ospitarlo è una zia paterna che lo inizia anche allo studio del pianoforte. Vivere così lontano dal posto in cui è cresciuto è una vera sofferenza per Farrokh, e poi i compagni lo prendono in giro per via dei dentoni chiamandolo *Bucky*,

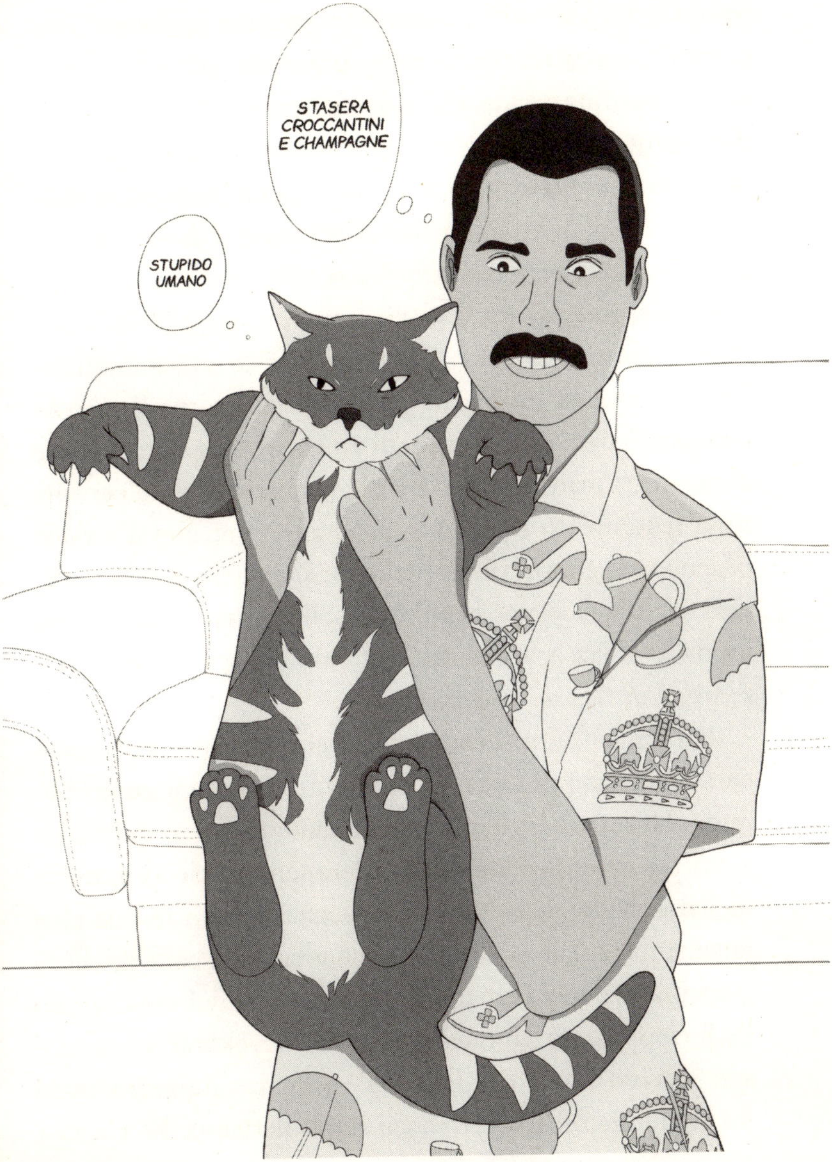
STUPIDO UMANO
STASERA CROCCANTINI E CHAMPAGNE

leprotto. Freddie aveva effettivamente una dentatura importante: era nato con quattro incisivi in più del normale. (La mattina per lavarsi i denti invece dello spazzolino doveva usare un'idropulitrice.) Nonostante abbia sempre odiato questo difetto fisico Freddie non lo correggerà mai, nemmeno quando avrà i mezzi per farlo. Gli incisivi aggiuntivi gli conferivano infatti una cavità orale maggiorata e, di conseguenza, una voce più potente.

Il risentimento verso i genitori che lo avevano allontanato cresce di giorno in giorno, al punto che il piccolo Farrokh decide di non tornare a casa a Zanzibar, neppure durante le vacanze estive. Tra i banchi si distingue per l'ottimo rendimento e suona il piano così bene che il preside propone ai genitori di far prendere al ragazzo lezioni individuali. Alla faccia nostra che a quell'età sbavavamo dentro un flauto dolce soprano cercando di intonare le note di *My Heart Will Go On*.

Poi arriva l'adolescenza e come al solito crea scompiglio come l'ingresso di Luca Argentero in un monastero di suore di clausura. Farrokh, probabilmente distratto dalla passione per la musica, inizia a rendere sempre meno. A quindici anni ha le prime esperienze sessuali, non solo con altri ragazzi ma anche con alcuni dipendenti del collegio. Per i corridoi iniziano a chiamarlo «frocio», ma lui sembra non farci troppo caso. In questo periodo Farrokh abbandona il suo vecchio nome per Freddie e insieme a quattro amici fonda un piccolo gruppo in cui suona il piano: The Hectics.

Più tardi molti suoi compagni hanno ricordato l'incredibile trasformazione che Freddie aveva sul palco, passando da Neville Paciock a Jimi Hendrix prima che qualcuno facesse in tempo a dire «moooseca!»

Terminati a fatica gli studi, Farrokh torna a Zanzibar e di lì a poco scoppia la rivoluzione che porterà alla formazione dello Stato indipendente della Tanzania. I Bulsara fanno le valigie e si trasferiscono in Gran Bretagna, più precisamente a Feltham, nella periferia di Londra. Per la famiglia è un bello shock, lo stesso di un fuorisede che, passando dal Salento a Milano, si vede improvvisamente costretto a vivere senza *lu sule, lu mare e lu ientu*. I Bulsara si ritrovano in ristrettezze economiche ma, dopo qualche settimana di spaesamento, Bomi trova lavoro come impiegato e Jer come commessa.

I genitori non ritengono Freddie abbastanza intelligente per andare all'università, così lui si iscrive all'Accademia d'arte di Ealing per seguire un corso di grafica e illustrazione, ma di nessuna delle due gli importa granché. Sente invece prepotente il richiamo della città, infatti esce tutte le sere destando l'ira funesta della madre e trascorre ore e ore davanti allo specchio a curare il suo look, roba che al confronto Dorian Gray era uno che si buttava nell'armadio cosparso di Vinavil e usciva con quello che gli rimaneva attaccato.

A quel tempo il suo idolo è Jimi Hendrix. Freddie è impressionato dalla sua presenza scenica e dalla sua originalità trasgressiva. Cerca di emularne lo stile indossando giacche sgargianti a motivi floreali, stivaletti, un foulard intorno al pomo d'Adamo e pantaloni così stretti che i testicoli dopo aver giocato a flipper con le costole prendevano il posto delle tonsille. Se accavallava le gambe la compressione era tale da rendere possibile un acuto da 130 decibel.

All'accademia conosce Tim Staffell, voce di un gruppo semiprofessionistico che aveva anche fatto da spalla ai Pink Floyd, gli Smile. Il chitarrista del gruppo era un certo Brian May, che a vederlo nelle foto di allora sembra Fiorella Mannoia con la tinta sbagliata. Brian è uno studente di fisica, matematica e astronomia al prestigioso Imperial College di Londra. Si era costruito da sé una chitarra quando aveva sei anni, utilizzando i resti di un caminetto di mogano e alcuni scarti di rovere. Quella chitarra, rinominata Red Special, avrebbe suonato nei palcoscenici più prestigiosi del mondo, ma lui ancora non lo sapeva. Alla batteria degli Smile c'era invece Roger Taylor, biondissimo, faccia pulita, quasi troppo bello per essere un uomo.

La band si innamora dell'entusiasmo e dell'umorismo di Freddie, che entra nell'entourage degli Smile. Per tirare su due spicci, lui e Roger improvvisano una bancarella al mercato di Kensington dove vendono pellicce usate e altri stracci senza valore a prezzi spropositati, tipo Zara insomma. In breve si fanno una certa reputazione: li definivano «una coppia di checche, markettare, narcisiste e buffone». Ma avevano anche dei difetti, certo.

A una certa gli Smile firmano con la Mercury Records per un primo singolo che uscirà sul mercato americano, *Earth/Step on me*. Per il gruppo sembra la svolta, ma le cose non vanno nel modo sperato: non se li cagò nessuno. A questo punto Staffell, amareggiato, lascia la band. Diversi anni più tardi arriverà alla notorietà (se così si può dire) per aver creato i modellini alla base della serie tv per bambini *Il trenino Thomas*. Aveva senz'altro ragione Čechov quando diceva che la vita non sa essere seria.

Con Tim fuori dai giochi e gli Smile alla disperata ricerca di un cantante, uno si aspetterebbe che la scelta ricada automaticamente su Freddie, il quale peraltro non vedeva l'ora. Invece niente. Il punto è che Brian e Roger non lo avevano mai sentito cantare seriamente, e ogni volta che Freddie si era proposto per diventare la voce del gruppo, si era sentito rispondere: «Non con quei denti».

Comunque Freddie va a vivere con gli Smile in un appartamento bohémien, praticamente una topaia tenuta insieme con il Super Attak. Insieme a loro ci sono anche due sorelle groupie e i musicisti di una band di Liverpool, gli Ibex. Il grado di sovraffollamento era tale che sembrava di stare su un mezzo pubblico in India – almeno Freddie si sentiva a casa. In quei mesi acquista una chitarra sgangherata che Tim lo aiuta a riparare; non la sa suonare ma gli è necessaria per imparare gli accordi e iniziare a comporre.

A un certo punto gli Ibex gli propongono di entrare nella band e Freddie li segue in una piccola tournée a Liverpool. Le esibizioni sono un disastro, non certo per le innegabili capacità di Bulsara, quanto per mancanza di organizzazione e, diciamolo, di fortuna. Succede di tutto: cascano le luci, esplodono le casse, il batterista ha un attacco di colite mentre il bassista ha una crisi di identità e crede improvvisamente di essere un petauro. Nemmeno l'asta del microfono sembra collaborare: Freddie ha l'abitudine di impugnarla e farla roteare stile majorette, finché una sera quella non si spacca in due pezzi e Freddie continua a cantare sbatacchiando la sola metà superiore: siamo all'origine di un'abitudine destinata a entrare nel mito.

Ben presto comunque Freddie lascia gli Ibex e torna a vivere nell'appartamentino affollato di Londra. Qui gli Smile sono ancora alla ricerca di un cantante che li faccia risorgere dalle ceneri. Avevano Freddie Mercury sul divano che sverniciava gli infissi cantando *Fra' Martino campanaro*, e 'sti due stronzi stavano su Bakeka.it a scrivere annunci tipo: «*Cercasi cantante pure scarso con almeno due mesi di esperienza alla serata karaoke di Roncobilaccio*».

Stanco di aspettare che May finisca un'altra permanente senza accorgersi di lui, Freddie fonda un gruppo tutto suo: i Wreckage. L'esperienza è breve e fallimentare; i Wreckage si sciolgono prima ancora che Baby K riesca ad urlare «Baby K!» all'inizio del suo nuovo tormentone. Freddie entra allora a far parte dei Sour Milk Sea, ma ormai i tempi sono maturi. Dopo qualche mese gli Smile, che fino a quel momento avevano dimostrato lo stesso spirito di osservazione di una talpa con la sinusite, chiedono a Bulsara di unirsi al gruppo.

Nell'aprile del 1970 nascono i Queen. Il nome fa riferimento alla voglia di sentirsi regali e dandy, ma è anche un'inequivocabile deformazione di «*queer*», l'equivalente anglosassone di «frocio». L'idea, neanche a dirlo, è di Bulsara, che contemporaneamente cambia il suo cognome in Mercury. Il richiamo è a Mercurio, messaggero degli dei, ma anche al pianeta del sistema solare più vicino al sole.

Il concerto di debutto dei Queen è a Truro, in Cornovaglia durante un evento di beneficenza per la Croce Rossa. Un po' come far suonare Marilyn Manson a un raduno di Papa boys. Infatti l'esibizione va malissimo. Nel 1971, dopo aver cambiato più bassisti che paia di mutande, i Queen arrivano alla formazione definitiva con l'ingresso di John Deacon.

Intanto, dopo un incontro fortuito al mercato di Kensington, Freddie inizia una storia d'amore con Mary Austin. La ragazza era uscita per un periodo con Brian, ma tra i due non era scoccata la scintilla. Alla fine aveva ceduto al corteggiamento di Mercury, dal quale fuggiva perché convinta che lui fosse interessato a una sua amica. Quello con Mary Austin è il legame affettivo più intenso che Freddie avrà in tutta la sua vita. In lei trova un rifugio alle proprie insicurezze ma anche un surrogato della figura materna che gli è sempre mancata. Mary è l'unica persona a cui il cantante confessa di soffrire di una mania di persecuzione: era convinto, forse a buona ragione, che tutti lo prendessero in giro appena voltava le spalle, considerandolo strambo e ridicolo. Ma si sarebbero ricreduti, eccome se lo avrebbero fatto.

Alla fine del 1971 i Queen non avevano combinato ancora nulla di concreto, tanto che la minaccia di scioglimento incombeva su di loro come quello della calotta polare incombe su di noi. Freddie inizia allora a tampinare il discografico della Mercury Records John Anthony fino a quando lui non li presenta ai fratelli Sheffield, proprietari dei celebri Trident Studios, procurandogli di fatto il loro primo contratto. La band deve accontentarsi di registrare nei tempi morti, quando gli Studios non sono occupati da Elton John o David Bowie, ma è già qualcosa: stanno lavorando al loro primo album. A una certa Anthony si prende la mononucleosi da stress e li abbandona, lasciandoli nelle mani del suo amico Roy Thomas Baker.

A disco finito i Queen iniziano ad attaccarsi ai citofoni di tutte le case discografiche come i venditori del Folletto la domenica mattina. Le major non vogliono saperne di loro, ma in compenso riescono a firmare un contratto per i diritti di pubblicazione con la B. Feldman & Co. Il loro manager, Jack Nelson, organizza la presentazione ufficiale del gruppo al Marquee Club di Londra. L'obiettivo è fare colpo su un uomo solo: Jac Holzman, amministratore delegato dell'Elektra, un'etichetta americana. Holzman, che aveva sentito in anteprima l'album d'esordio dei Queen, decisamente hard rock, si aspettava di vedere apparire sul palco un duro con il chiodo, le scarpe in pelle di pitone torturato dall'Isis e la chioma incolta. Invece si trova Freddie Mercury in body leopardato 100% acrilico e ballerine, circondato da uno stuolo di piume che nemmeno nel camerino della celebre drag queen La Wanda Gastrica. Nonostante lo shock, Holzman non può che rimanere colpito sia dalla musica sia dalla performance della band, e propone loro un contratto per il mercato americano. Poi, finalmente, una botta di fortuna: la B. Feldman & Co. viene acquisita dalla EMI Music e i Queen si trovano improvvisamente sotto contratto con una major.

Già agli esordi, i Queen erano sicuramente la cosa più insolita che si affacciava sul mercato, per svariati motivi. Erano il gruppo più colto in circolazione, una caratteristica che in un modo o nell'altro ha fatto la loro fortuna. May si era laureato in fisica con lode e non contento aveva anche iniziato un dottorato di ricerca in astronomia dell'infrarosso, mica pizza e fichi. Taylor aveva studiato odontoiatria e si era laureato in biologia.

Il 6 luglio del 1973 esce il loro singolo di debutto, *Keep Yourself Alive,* che non entra nemmeno in classifica. La EMI non si scoraggia e procura alla band un'ospitata nel famoso programma musicale della BBC *The Old Grey Whistle Test*. L'album esce il 13 luglio tra il disprezzo e gli insulti della stampa. Nick Kent lo definì «un secchio di urina» – un perfetto lord inglese, proprio. Che poi, chi è Nick Kent? Appunto.

In compenso in America va molto meglio e questo rende possibile al responsabile dell'immagine dei Queen, Tony Brainsby, di presentarli ai Mott the Hoople, un gruppo allora molto popolare. La band farà da spalla ai Mott per un tour di venti date, al termine del quale avranno guadagnato così tanto in popolarità da oscurare chi li aveva ospitati sul palco. Nel '74 i Queen, che finalmente sembrano risalire la china, si esibiscono a *Top of the Pops*. Freddie, che allora non aveva nemmeno il televisore, corre per tutta Oxford Street con un boa di piume fucsia intorno al collo, passando di vetrina in vetrina per potersi ammirare sul piccolo schermo.

Il secondo lavoro dei Queen, *Queen II*, raggiunge il settimo posto nella classifica degli album più venduti. L'Elektra a quel punto organizza per loro un tour in Giappone, dove saranno accolti da uno stuolo di ragazzine urlanti che al confronto Justin Bieber nel 2010 levati. (Già solo per aver nominato i Queen e Bieber nello stesso periodo rischiamo di essere trascinati davanti alla Corte europea dei diritti dell'uomo.) Con l'arrivo della popolarità, i battibecchi all'interno del gruppo aumentano. Freddie ce la mette tutta per rendersi insopportabile come le maniche delle felpe in inverno, quando ti infili il giubbotto e quelle ti salgono fino al gomito. A tratti faceva vacillare anche la proverbiale pazienza di Brian May, che era uno di quelli che ti invitava a una pacata discussione anche se confessavi di avergli sedotto la mamma.

A ottobre del '74 esce il terzo album, *Sheer Heart Attack*;

il primo singolo è *Killer Queen,* che diverrà un vero e proprio tormentone conquistando il secondo posto in classifica. La tournée nel Regno Unito è sold out e durante il tour americano gli *after party* dei Queen iniziano a essere famosi quanto loro. Anche in questo erano strani: di solito i membri delle altre band andavano a drogarsi ognuno per fatti propri dopo gli show. Loro invece tiravano su dei festoni spettacolari che al confronto le cene di Arcore sembravano il raduno dei collezionisti di francobolli di Casalpusterlengo. L'alcol scorreva a fiumi facendosi spazio tra una quantità di tette e culi che avrebbe messo in imbarazzo i cameramen di YouPorn. Come alcuni biografi hanno suggerito, Freddie si serviva di questi spettacoli per allontanare le voci sulla sua omosessualità. C'è da dire che difatti era solito sparire nel bel mezzo della festa con qualche giovanotto palestrato pescato chissà dove. E intanto Mary lo aspettava nel loro appartamento di Victory Road, con in testa quella proposta di matrimonio che lui le aveva fatto tempo prima e della quale Freddie sembrava essersi dimenticato.

In questo periodo i Queen interrompono la collaborazione con i Trident Studios e Jack Nelson per motivi economici e iniziano a lavorare con quello che diverrà il loro manager storico: John Reid. Per il quarto album si trasferiscono ai Rockfield Studios, che diverranno leggendari per aver ospitato le sedute di registrazione di *Bohemian Rhapsody*. Nella mente di Mercury la struttura della canzone non è ancora ben definita e il contributo di May sarà fondamentale. I problemi tecnici sembrano tuttavia insormontabili: come potevano stare insieme nella stessa traccia un'introduzione a cappella, lo strumentale al pianoforte, la chitarra, il basso e la batteria, un interludio pseudolirico e un finale rock? Per completare il guazzabuglio mancava giusto un rutto in fa diesis. I lavori vanno avanti per sei settimane al termine delle quali la band si dichiarò pienamente soddisfatta. Il problema è che *Bohemian Rhapsody* dura sei fottuti minuti, quale radio l'avrebbe mai trasmessa? Sia Reid sia la EMI cercano di dissuadere Freddie e il resto della band dal lanciare la canzone come singolo. Sia messo agli atti che noi troviamo oltraggioso che quel bellimbusto di Tommaso Paradiso possa mandare un vocale di dieci minuti mentre Freddie Mercury non può cantare la stessa canzone per sei minuti.

Bohemian Rhapsody viene trasmessa per la prima volta da Kenny Everett, dj di Radio Capital e amico di Freddie. La recensione più clemente della stampa fu «un'audace accozzaglia», ma c'era anche «pomposa e troppo lunga», «contorta e senza senso», «niente di memorabile» e «merita di sprofondare nell'oblio». E questi erano gli esperti di musica, pensa gli altri. Il resto è storia, *Bohemian Rhapsody* e l'album relativo, *A Night at the Opera*, consacrano i Queen al successo planetario. D'altronde, chi non si è mai grattugiato il velopendulo ostinandosi a cantare anche la parte di opera di *Bohemian Rhapsody*? Il successo di questa traccia fu anche dovuto a un videoclip all'avanguardia che può essere definito uno dei primi concept video della storia della musica rock: le immagini coglievano per la prima volta il senso della musica.

Dopo *A Night at the Opera*, che contiene anche *Love of My Life* dedicata a Mary Austin, i Queen scalano di nuovo la vetta della classifica con *A Day at the Races*. A conclusione della relativa tournée, Freddie prende coraggio e confessa a Mary le sue tendenze sessuali. Ci gira un po' intorno, dichiarandosi bisessuale mentre sceglie lo smalto per le unghie da abbinare ai suoi nuovi pantacollant leopardati. «Freddie, io penso che tu sia gay», lo corregge allora lei. Certo che a questa ragazza non le si poteva nascondere niente. Lui se la prende un po' ma da lei può accettarlo e vuota il sacco, non ha più senso nascondersi. Mary rimarrà comunque nell'entourage di Mercury fino alla fine.

Negli anni a seguire la band sforna una coppia di album che conquisterà letteralmente quattro continenti, parliamo di *News of the World* (1977) e *Jazz* (1978). I Queen non sono più dei ragazzi pieni di talento con tanta smania di sfondare e zero voglia di andare dal parrucchiere, sono cresciuti. Brian, da sempre il più riluttante verso i giornali e i gossip di vario genere, si dedica a una vita coniugale stabile. Per non parlare di Deacon, da sempre il più posato, che alle feste preferisce stare in casa a pulire il frigorifero e a mettere il deodorante nel water. Così Mercury inizia a sentirsi sempre più isolato dal resto del gruppo: fuori dal palco conducono vite troppo diverse. Freddie, che in quegli anni inizia a vivere più liberamente la sua sessualità, è intenzionato a esporre la sua vita privata il meno possibile e, forse per un tentativo di omologarsi a una vita sentimentale stabile, porta avanti una relazione di due anni con un corriere della DHL, Tony Bastin, che in quanto a pacchi se ne intendeva. Anche questa storia, come molte altre, sfocia in una delusione. Freddie tendeva a circondarsi sempre dello stesso tipo di ragazzetti: aridi e intenzionati a vivere della sua luce riflessa. Lui è spesso troppo buono per allontanarli, forse per via del suo patologico bisogno di affetto.

Il 5 ottobre 1979 esce *Crazy Little Thing Called Love*, un altro grande successo, ovviamente non per la critica musicale che continua a stroncarli. Il relativo album, *The Game*, viene registrato a Monaco di Baviera, dove la band decise di spostarsi a causa della forte pressione fiscale inglese. Qui Freddie si dà alla pazza gioia, inizia a essere imprudente facendosi vedere ogni notte con uno o più compagni diversi, in giro per i club gay con il suo gruppetto arcobaleno che ormai lo segue ovunque. La cricca conta, a parte Mercury, il suo ex Joe Fanelli, il suo manager personale Paul Prenter e il suo cameriere personale Peter Freestone.

Le prime apparizioni per la promozione di *The Game* vedono un Mercury con un look totalmente nuovo: si taglia i capelli e si fa crescere i baffi secondo la moda gay newyorkese. Al contempo abbandona gli smalti e le tutine per uno stile più sobrio: canotte, jeans attillati e giacche dal taglio quadrato. Le fan, che di solito lanciavano mutandine sul palco, lanciano rasoi e lamette in forma di protesta. Addirittura inondano di smalti gli studi della EMI, per invitare il loro idolo a tornare allo stile di un tempo.

Nel 1981 Freddie decide di festeggiare il suo compleanno a New York, dove si rifugiava spesso perché lì poteva sentirsi uno qualunque. È qui che probabilmente contrae il virus dell'HIV. In quegli anni New York viveva le prime avvisaglie della futura epidemia mondiale. Freddie non ha voglia di pensarci e continua la sua vita di eccessi. All'alcol e alle serate si aggiunge la cocaina e a questo punto, che fai? Qualche orgetta non ce la metti?

I Queen tornano presto a Monaco per lavorare al loro prossimo album, *Hot Spaces*, che contiene *Under Pressure*, il risultato di una jam session con David Bowie. Freddie inizia una relazione, che porterà avanti fino al 1985, con l'attrice Barbara Valentin. Naturalmente il loro non è un rapporto esclusivo, in quel periodo Freddie frequenta anche Winnie Kirchberger, ma non solo. Barbara e Prenter lavorano assiduamente affinché Freddie non si annoi, organizzando festini e orge, con la solita spolverata di coca. A Monaco Freddie invita anche il parrucchiere Jim Hutton. Il loro legame è destinato, tra alti e bassi, a giocare un ruolo importante nella vita di Mercury.

Quando il nuovo album esce è una delusione completa. Dalla classifica Billboard americana scompare quasi subito, in Inghilterra regge bene arrivando alla quarta posizione, ma la band, per la prima volta, non è per niente soddisfatta. Nel 1982 decidono di prendersi una pausa per rincorrere i propri progetti solisti. Scelta saggia perché i quattro iniziavano a tollerarsi come Burioni con gli antivaccinisti.

Inizia la collaborazione con Giorgio Moroder, e Freddie butta giù le tracce del suo album da solista, *Mr. Bad Guy*. Barbara Valentin si accorge che c'è qualcosa che non va: Freddie mangia sempre meno, è visibilmente dimagrito e inizia a ricorrere a grandi quantità di trucco per nascondere degli inspiegabili lividi violacei sul viso. Inoltre fa la sua prima comparsa un bozzo dietro la gola del cantante, che scompare e riappare. Freddie scherzava e diceva che stava marcendo, ma probabilmente sospettava, o addirittura sapeva. In quel periodo gli era giunta notizia della morte per AIDS di uno dei suoi primissimi amanti americani. Valentin racconta di come una volta il cantante si fosse ferito accidentalmente a un dito. Il taglio era profondo, c'era sangue ovunque e l'attrice era corsa in suo aiuto ma Mercury aveva avuto una brutta reazione intimandole di non toccarlo per nessuna ragione.

La separazione dai Queen dura poco più di un anno. Nell'agosto del 1983 tornano in studio per registrare il loro undicesimo album. *The Work* esce nel febbraio 1984, anticipato dal singolo *Radio Gaga*. Il pezzo, scritto da Roger Taylor, gli è stato ispirato da suo figlio, allora piccolissimo, che aveva commentato una discussione tra adulti dicendo «radio caca». È una critica alle programmazioni radiofoniche, sempre più povere. Be', sentissero quelle di adesso! Le emittenti ovviamente non la prendono benissimo, tanto che alcune si rifiutano di metterla in scaletta. È comunque un successo planetario, nonché uno dei pezzi più apprezzati nei live, e riporta i Queen ai vertici della classifica. Segue l'uscita di *I Want to Break Free*, lanciato dal leggendario video ideato da Roger in cui la band appare in abiti femminili. Il videoclip, oggi un cult, viene bandito dalle televisioni negli Stati Uniti, dove è ritenuto offensivo.

Il *The Work Tour* porta i Queen in Nuova Zelanda, dove Freddie stringe amicizia con il cantante degli Spandau Ballet, Tony Hadley, di cui è un grande fan. Freddie lo invita sul palco avvisando il resto della band solo all'ultimo minuto. Prima dell'esibizione Freddie e Tony si ubriacano a tal punto che Mercury si accorge all'ultimo minuto di aver indossato la calzamaglia al contrario. Sul palco entrambi fanno fatica a ricordarsi il testo della canzone.

Il 13 luglio 1985 i Queen passano dalla storia alla leggenda partecipando al Live Aid, il concerto umanitario trasmesso in mondovisione con l'obiettivo di raccogliere fondi per le popolazioni dell'Etiopia colpite da carestia.

Alla fine di quell'anno i rapporti con Valentin e Prenter si deteriorano. Freddie torna a Londra con Jim Hutton, dove acquista per cinque milioni di sterline una gigantesca villa a Kensington, da lui ribattezzata Garden Lodge. Vivono con lui i suoi dieci gatti: Tom, Jerry, Oscar, Tiffany, Delilah, Dorothy, Goliath, Miko, Romeo e Lily. Freddie aveva predisposto una stanza per ognuno di loro e quando era in giro per il mondo chiamava appositamente per farseli passare al telefono.

Nel 1986 Freddie inizia ad avere gravi problemi di salute. L'anno seguente si decide a fare accertamenti clinici più approfonditi e viene riscontrata la positività al virus dell'HIV. Qualche mese dopo gli viene diagnosticata la sindrome dell'AIDS. Freddie abbandona la vita pubblica e si rifugia nella sua amata Garden Lodge in compagnia di Peter Freestone, Mary e Jim. Loro tre sono le prime persone alle quali Freddie confessa di essere malato; lo accompagneranno fino all'ultimo istante di vita.

Quello stesso anno Prenter, infame come il buco nel calzino quando ti stai provando le scarpe nuove, vende alla stampa una lunga intervista in cui svela moltissimi particolari della vita di Freddie. Dagli eccessi con la cocaina alle relazioni con una miriade di uomini diversi, Prenter lo dipinge come un malato di sesso, pericoloso per se stesso e per gli altri. Freddie è annichilito da quel gesto, che lo costringe ad affrontare il tema dell'omosessualità con i genitori, da sempre all'oscuro di tutto.

Nel gennaio del 1988 i Queen tornano in studio per lavorare al loro nuovo album, *The Miracle*. Freddie confessa agli altri membri della band la sua malattia; è più che altro una conferma di ciò che già sapevano. In quell'occasione Mercury chiarisce che la sua unica preoccupazione, per il tempo che gli rimane, è fare musica. Non accetterà pietismi dai suoi amici. *The Miracle* è un successo, raggiunge il disco di platino in appena una settimana.

All'inizio del 1990 i Queen si rimettono al lavoro per registrare *Innuendo*. L'album contiene una traccia che racchiude lo stato d'animo di Freddie in quel periodo: *The Show Must Go On*. Dopo la premiazione dei Brit Awards, in cui Freddie appare in pessime condizioni, fotografi e giornalisti iniziano ad assediare Garden Lodge. Freddie e Jim scappano quindi in Svizzera. Mercury vieta a chiunque di dare notizie sulle sue condizioni di salute, ma sul suo corpo iniziavano a leggersi chiaramente, evidenti e terribili, i segni del sarcoma di Kaposi.

Negli ultimi mesi Freddie rifiuta di vedere chiunque non abiti sotto il tetto di Garden Lodge, compresi i genitori, che si decide a incontrare solo una settimana prima di morire. Odia farsi vedere in quelle condizioni, soprattutto da chi lo ha conosciuto negli anni del suo massimo splendore.

Il 23 novembre Jim Beach detto «Miami» accoglie l'ultima dichiarazione pubblica di Freddie, con la quale comunica ai suoi fan e al mondo di avere l'AIDS. Ventiquattr'ore più tardi, una chiamata dal suo assistente avvisa Bomi e Jer Bulsara che il loro figlio è morto. Il silenzio causato dall'assenza della sua voce si diffonde per il globo come una maledizione: non esisterà mai più nulla di simile a Freddie.

CURIOSITÀ

In molti si sono interrogati sul significato del testo di *Bohemian Rhapsody*, che Freddie scrisse di suo pugno. La teoria più convincente rimane quella secondo cui il cantante stesse gridando al mondo la propria omosessualità. L'uomo che Freddie uccide all'inizio della canzone altri non è se non il vecchio Farrokh, il povero ragazzo che fa di tutto per piacere agli altri e nonostante ciò non è amato da nessuno. Per questa sua ritrovata identità chiede scusa alla madre (non volevo farti piangere, le dice) poi saluta tutti affermando che è arrivato il momento di guardare in faccia la realtà. Ha senso in questo contesto l'invocazione «*Bismillah*», forma contratta della frase *Bismillah ir-Rahman ir-Rahim*, che significa «nel nome di Allah, più grazioso, più compassionevole». Nella cultura islamica si tratta di una forma benedicente utilizzata per invocare la protezione della divinità. Ma da cosa? Ovviamente da Belzebù che, come Freddie canta, «*has a devil put aside for me*» (ha un diavolo in serbo per me). Nella cultura zoroastriana, come abbiamo detto, l'omosessualità era vista come una forma di adorazione del diavolo.

Marilyn Monroe

Ragazzina sventurata replica la favola di Cenerentola passando da sguattera a diva di Hollywood attraverso un mix letale di tinte per capelli e barbiturici.

Norma Jeane Mortenson Baker, questo è il suo vero nome, nasce il 1° giugno 1926 a Los Angeles. Il motivo di tutti questi cognomi è dato dal fatto che la madre, Gladys, era indecisa tra la paternità di un tale Jasper Baker e quella di un certo Edward Mortenson. Ci vorranno tredici puntate di *Chi l'ha visto* per scoprire che, probabilmente, il vero padre era Stanley Gifford, un collega di lavoro di Gladys che si era dileguato con la stessa velocità di Piton davanti a un flacone di shampoo appena aveva saputo che lei era incinta.

La sfiga di Norma, soprattutto in fatto di uomini, è un tratto ereditario dominante come le lentiggini e la fossetta sul mento. Ma non solo, anche la pazzia è di famiglia, e difatti Gladys, come suo padre e sua nonna prima di lei, finirà in un istituto psichiatrico.

La madre di Norma si era sposata a quindici anni con un uomo con cui aveva precedentemente avuto due figli; il matrimonio era però fallito in fretta e lui non si era limitato a lasciarla sola come un neurone nel cranio di un tronista, ma aveva anche rapito i due figli per scappare nel Kentucky. Gladys aveva speso tutti i suoi risparmi per rintracciarli ma alla fine aveva deciso di lasciarli alla loro nuova famiglia, dove senz'altro avrebbero avuto una vita più facile. La donna torna a casa con Norma ancora in fasce e, in preda alla disperazione, tenta di soffocarla con un cuscino. Si ferma in tempo, ma capisce da sé che Norma non è al sicuro lì con lei.

A questo punto Gladys affida la figlia ai coniugi Albert e Ida Bolender per cinque dollari alla settimana. La nuova famiglia tratta la bambina discretamente bene, nel senso che almeno la nutrono e non la menano. Quando ha appena tre anni Ida le mette in mano uno straccio e un flacone di Cif e Norma inizia così la sua carriera di colf a tempo pieno. Lava, spolvera, stira, stende, «comandan sempre loro e ripeton tutte in coro: al lavoro, al lavoro, Cenerella!» Manca giusto l'atelier dei sorci sarti e il gatto Lucifero. Per Norma tutto questo è la routine, quando inizia a parlare si rivolge ad Albert e Ida chiamandoli papà e mamma, almeno fino a che la donna non la zittisce in malo modo confessandole che la sua vera madre è la tizia dai capelli rossi che ogni tanto viene a trovarla. Gladys infatti si fa vedere a casa

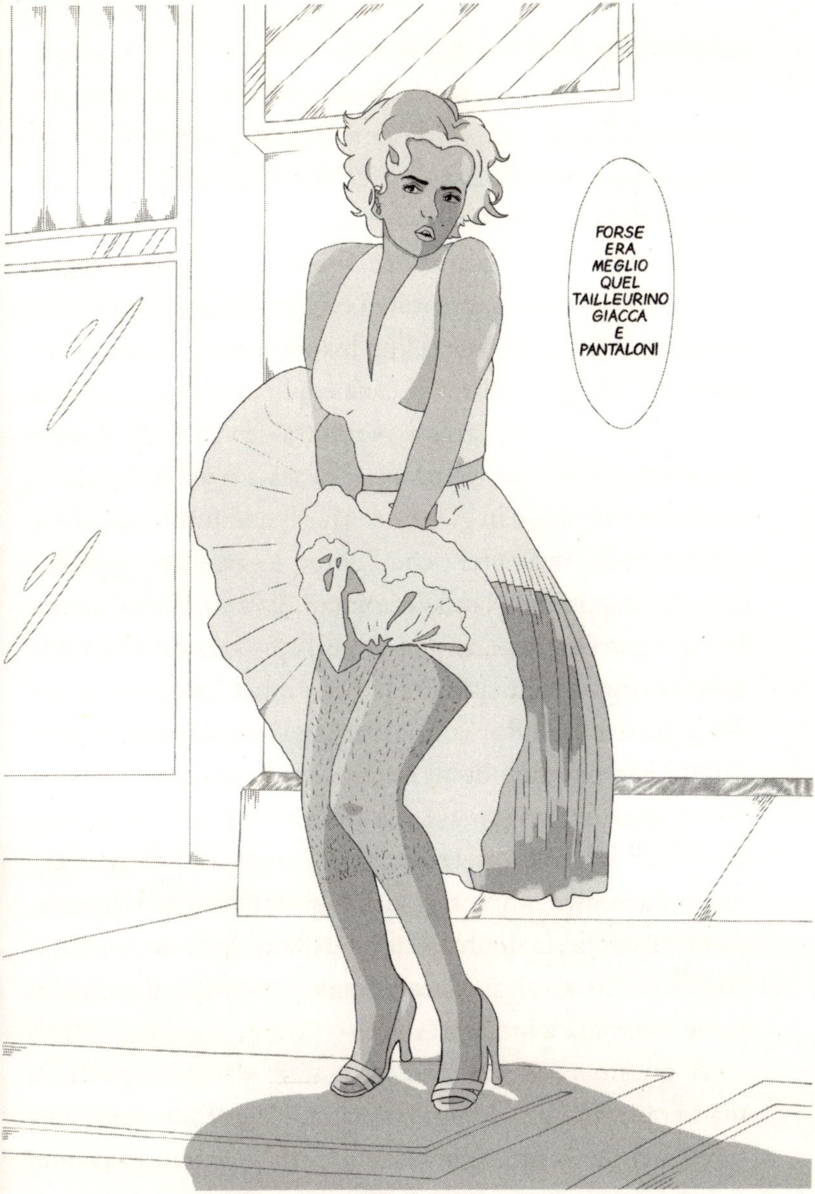
FORSE ERA MEGLIO QUEL TAILLEURINO GIACCA E PANTALONI

dei Bolender il sabato, palesemente sull'orlo della prossima crisi di nervi e con la faccia di un esattore delle tasse. La piccola Norma è comprensibilmente più confusa di un camaleonte in un sacchetto di M&M's. Gladys ogni tanto la porta nella sua abitazione, dove la piccola è costretta a stare nella sua stanza facendo attenzione a non respirare troppo forte, altrimenti la madre sclera e inizia a dare di matto. Il suo solo amico è un bastardino bianco e nero, Tippy, dono del padre adottivo Albert. Il cane era libero di aggirarsi per il vicinato e accompagnava Norma a scuola ogni giorno. Un brutto giorno un vicino fuori di testa spara all'animale, stufo di ritrovarselo in giardino. Marilyn in futuro, nella sua autobiografia, racconterà che l'uomo lo avrebbe aggredito con una zappa tranciandolo a metà davanti ai suoi occhi. In ogni caso qualche tempo dopo l'episodio Gladys trova un'altra coppia a cui affidare la figlia e nel frattempo accumula più debiti di Roma Capitale per comprare una piccola casetta con giardino dove, qualche mese più tardi, andrà a vivere insieme a Norma e alla nuova coppia. Complice la pressione dei creditori, l'equilibrio mentale di Gladys è ormai seriamente compromesso. Un giorno mentre la bambina fa colazione, la donna si butta dalle scale, forse tentando il suicidio. In seguito a questo tragico avvenimento, Gladys viene internata e interdetta.

A questo punto Norma va a stare da un'amica della madre, Grace, una donna buona che si prende cura della piccola come meglio può. Grace però è povera e, avendo ricevuto solo trentatré euro nell'assegno del reddito di cittadinanza, è costretta ad affidare la bambina all'ennesima coppia. Saranno in tutto nove le famiglie di cui Norma sarà ospite, e tutte hanno in comune la necessità di raggranellare quei cinque dollari a settimana che sono il prezzo del suo mantenimento. Nella maggior parte delle case in cui è ospite, Marilyn viene trattata come una sguattera e obbligata a indossare sempre la stessa divisa dell'orfanotrofio; i gesti d'affetto e le carezze sono eventi rari. I figli biologici delle coppie vengono sempre prima di lei e le condizioni di povertà sono così estreme che Norma può fare il bagno solo nella stessa acqua in cui prima si è sciacquata tutta la famiglia, gatto compreso. Dopo un po', le famiglie la rispedivano puntualmente in orfanotrofio a causa delle gelosie dei figli naturali, i quali accusavano Norma di dispetti e piccoli furti. Come ci racconta nella sua autobiografia, in almeno una di queste famiglie Norma fu stuprata da un vecchio porco che aveva preso una camera in affitto sotto il suo stesso tetto.

A scuola è derisa, isolata e bullizzata peggio di quello seduto in prima fila che ricorda ai prof che ci sono compiti da correggere. Quando ha tredici anni però fa una scoperta che cambia la sua visione del mondo: lei ha le tette, e non due tette qualunque bensì due pere che sembrano uscite direttamente da un cesto del Caravaggio. Tutto accade per puro caso. Una mattina, poiché la sua solita camicia si è strappata, Norma accetta in prestito da una delle sue sorellastre un golfino di una misura più piccola della sua. All'arrivo in classe quelle due protuberanze sul petto diventano improvvisamente le sue migliori alleate. Come direbbe il maestro Battiato, le tette di Norma diventano un «centro di gravità permanente» per tutti i maschi della scuola: che, muniti di binocolo, sbavano e urlano battendosi il petto come la più classica comunità di primati del Madagascar. Adesso non è più sola per i corridoi, né al ritorno da scuola: uno stuolo di adolescenti libidinosi come Jerry Calà in Costa Smeralda la segue dappertutto. Al contempo le ragazze iniziano a detestarla, affibbiandole i nomignoli più velenosi. Se Norma è nelle vicinanze, tutte obbligano fidanzati, mariti, compagni e cani a indossare i paraocchi come i cavalli da tiro. Norma non le odia, anzi, le scruta con interesse e si stupisce di quel suo corpo precocemente sviluppato che al minimo movimento è in grado di provocare un'erezione dall'altra parte dell'oceano.

Quando ha quindici anni rischia di essere rispedita per l'ennesima volta in orfanotrofio, allora zia Grace ha un'idea: farla sposare con il vicino. Lui si chiama Jim Dougherty ed è un giovane uomo gentile e un po' troppo taciturno – non spiccicava parola nemmanco dopo aver battuto il mellino contro il piede del letto. Così Norma Jeane diventa la signora Dougherty, ma non durerà molto. Jim vorrebbe un figlio da lei ma Norma, terrorizzata dal ricordo della sua infanzia, non vuole mettere al mondo un altro papabile disgraziato. Alla fine si lasciano e lei va a vivere da sola in una stanza in affitto a Hollywood. Qui fa la fame cercando la notorietà che arriverà solo dopo diversi tragici avvenimenti.

Hollywood in quel periodo è popolato da una straordinaria fauna di venditori di gloria, maniaci sessuali e vecchie star alcolizzate. Il numero di aspiranti attrici è equiparabile solo alla quantità di santini in fila sul comò di mia nonna. Va da sé che essere pudiche a Hollywood negli anni Quaranta era vantaggioso come essere vestite su Instagram oggi. Il primo ingaggio di Norma è, giustappunto, per un calendario di nudo. Il direttore dello studio le consiglia di schiarirsi i capelli, naturalmente castani, e cambiare il suo nome in Marilyn, al quale Norma aggiungerà il cognome da nubile di sua madre: Monroe.

Intanto dalla 20th Century Fox la chiamano per piccole particine insignificanti, lei accetta sperando di arrivare più in alto, di farsi notare o semplicemente di ricevere un invito per qualche cocktail esclusivo. Un po' come quelli che alla recita di quinta elementare hanno dato libero sfogo alle loro velleità artistiche interpretando il cespuglio o la nuvola, perdendo così in un colpo solo l'autostima e la dignità.

In questo periodo Marilyn stringe un'amicizia intima con il produttore Joseph Schenck e inizia a sognare che il contratto con la Fox sia dietro l'angolo. Tutt'altro, la major la licenzia e taglia tutte le parti delle pellicole nelle quali era apparsa. La motivazione? Marilyn non è abbastanza fotogenica per il grande schermo. La ragazza piomba nella disperazione più cupa, non mangia e non esce più di casa per settimane, il medico le diagnostica i primi attacchi di isteria. Schenck, venuto a conoscenza dell'accaduto, la raccomanda allo Studio X, dove la Monroe si reca per un colloquio. Lo Studio X si rivela però uno Studio XXX, il capo infatti cerca di portarsela a letto senza troppi giri di parole mostrandole una fotografia del suo grosso yacht. Insomma, il solito meccanismo di compensazione degli uomini con il pene grande come un torroncino Condorelli.

In questo periodo di sfortune Marilyn inizia una relazione con il compositore Fred Karger, suo insegnante di dizione e canto. Quella con Fred è una relazione tossica, l'uomo la critica pesantemente in ogni occasione, dandole della pezzente, dell'analfabeta e dell'incolta. Fammi capire, hai tra le mani Marilyn Monroe e fai pure lo stronzo? (*N.d.A.*) Come spesso accade in questi casi, nonostante Fred sia piacevole come le formiche durante un picnic, Marilyn si perde romanticamente nei suoi occhi fino quasi a esserne dipendente. Ma in fondo certi occhi sono fatti apposta per metterci un dito dentro. Si lasciano e si mollano per qualche settimana, lui è così pesante che anche durante l'amplesso le dà indicazioni tipo «chiudi la *e*», «apri la *o*», «tienimelo su quel LA». Alla fine, quando lui esibisce la stessa sensibilità di una grattugia confessandole che non potrebbe mai essere una madre adeguata per suo figlio, i due si lasciano definitivamente.

Nel 1949 la Metro Goldwyn Mayer scrittura Marilyn

per una piccola parte nel film di David Miller *Una notte sui tetti* con Harpo e Groucho Marx. L'ingaggio è dovuto all'amicizia di Marilyn con Johnny Hyde, celebre talent scout dell'epoca perdutamente innamorato di lei. La casa di produzione la spedisce in viaggio per tutto il Paese per la promozione della pellicola. Marilyn è contenta, pensa che sia la sua occasione per girare il mondo. Le danno anche qualche dollaro per comprarsi dei vestiti e lei, convinta di spostarsi verso posti freddi, compra solo abiti in lana. Non può andare peggio, il tour la porta in posti caldissimi. A ogni tappa, Marilyn, sudata come in una partita a Risiko con Giulio Cesare, ha giusto il tempo di una doccia e poi via davanti ai fotografi che non aspettano altro che lei sculetti e faccia vedere le poppe. A una certa le mettono un cono gelato in mano e le dicono semplicemente: «Fai la porca». Marilyn è delusa e umiliata.

Tornata a Hollywood, Johnny sembra l'unico a vedere in lei la star che è destinata a diventare. Col suo aiuto Monroe torna alla Century Fox dove ottiene una parte in *Eva contro Eva*. Agli occhi di tutti sono una coppia di fidanzati ma Marilyn è sincera, non lo ama e glielo dice chiaro e tondo. Johnny le chiede di sposarlo in continuazione, anche sul letto dell'ospedale dove è prossimo alla morte a causa di una malattia cardiaca. Il matrimonio avrebbe reso Marilyn milionaria, essendo a quel punto l'unica erede di Hyde, ma l'attrice rifiuta condannando Johnny alla friendzone definitiva. Quando dopo appena un mese Hyde muore, Marilyn è divorata dai sensi di colpa e ripiomba nella depressione. I parenti di Hyde, nonostante le ultime disposizioni del defunto, la trattano con lo stesso riguardo di un manuale di grammatica in un raduno di Forza Nuova, buttandola fuori di casa. Il giorno seguente Marilyn tenta il suicidio ingerendo un cocktail di farmaci.

Alla fine degli anni Quaranta continua la sua carriera con piccoli ruoli sul grande schermo, parliamo di pellicole come *Le memorie di un Don Giovanni* e *L'affascinante bugiardo*. Tutto quello che guadagna lo spende per prendere lezioni di recitazione e tra i suoi insegnanti c'è anche Michael Čechov, nipote di Anton. A quei tempi la critica la considera poco, spicca qualche recensione positiva, ma per lo più Marilyn viene trattata come una macchietta necessaria nelle produzioni hollywoodiane del periodo.

La grande consacrazione arriva nel 1953 con *Niagara*, diretto da Henry Hathaway. Anche tra gli addetti ai lavori non è esente da critiche. Sul set è puntuale come un regionale di Trenitalia, inoltre, più le danno ruoli importanti, più lei è terrorizzata dal palcoscenico. Durante la promozione del film viene aspramente condannata dall'opinione pubblica per i suoi vestiti scollati e per le pose sensuali. In *Gli uomini preferiscono le bionde* Marilyn è l'assoluta protagonista della pellicola, che incassa quattro volte i costi di produzione ed elegge Monroe a diva di Hollywood.

In questi anni le propongono di partecipare al musical *The Girl in Pink Tights* con Frank Sinatra. Quando Marilyn chiede la sceneggiatura per poter valutare la sua partecipazione, il regista le fornisce unicamente le sue battute. Marilyn, stanca di essere sempre trattata come la biondina stupida capace solo di squittire e ammiccare, rifiuta la parte. Ma c'è dell'altro: Marilyn non accetta il fatto che, a parità di battute, il compenso di Sinatra sia di quattro volte maggiore del suo. Dopo questo piccolo scandalo, Marilyn inizia a uscire con Joe DiMaggio, popolarissimo giocatore di baseball dei New York Yankees. I due si sposano nel gennaio del 1954, un evento che vista la popolarità dei protagonisti aveva tenuto col fiato sospeso tutto il Paese, quasi ai livelli del caso Prati-Caltagirone.

Joe aveva avvistato una foto di Marilyn con la divisa dei Chicago White Sox e i tacchi alti su una rivista patinata, mentre era seduto dal barbiere, e ne era rimasto accecato. Lo sportivo aveva lasciato il negozio in tutta fretta, con una basetta rasata e una ancora pelosa, in cerca del numero della diva. Per un personaggio popolare come lui non deve essere stato difficile procurarsi il contatto. Seguono mesi di estenuanti corteggiamenti, equiparabili solamente alle coreografiche danze dell'Uccello del Paradiso Superbo. Siamo davanti alla classica coppia che va a finire dritta sulla copertina di *Chi*, per la fortuna di Signorini e della zia Concetta che non vede l'ora di accaparrarsene una copia con la stessa foga con la quale si impossessa dell'ultimo pacco di penne rigate in 2×1 al Conad. Gli amici di Joe cercarono in tutti i modi di persuaderlo a non sposarla, «ti rovinerà», gli dicevano. Marilyn infatti aveva la fama di una che si era già fatta tutto l'elenco telefonico.

A nozze celebrate, Joe DiMaggio è l'uomo più felice del mondo; Joe DiGiugno e Joe DiLuglio un po' meno. L'ex campione è geloso come Otello e vieta a Marilyn di andare in giro con i vestiti troppo scollati, che è un po' come ordinare a Cannavacciuolo di fare la carbonara col prosciutto o alla Ferragni di chiudere Instagram. Quando lei viene inviata in Corea per risollevare il «morale» delle truppe, lui impazzisce. Più tempo passa più si rende conto di essere diventato il Signor Monroe. Poi arrivano le botte. Joe non può vedere sua moglie ridotta a un oggetto del desiderio, e non sopporta il pensiero che sia attorniata da manager, fotografi e agenti, tutti con in testa la sua cicciabaffetta. DiMaggio peraltro è convinto che lei abbia un amante, e in effetti ha ragione, si tratta del suo nuovo insegnante di dizione. Sinatra, suo amico, lo convince ad assoldare un investigatore privato che, dopo svariati giorni di indagini, becca l'attrice mentre entra in un appartamento con un uomo. Joe si fa coraggio e sfonda la porta, ma sbaglia abitazione e irrompe nella camera da letto di due innocenti vecchietti che stavano guardando *Mi manda Raitre* con le rispettive dentiere già sul comodino. Possiamo solo immaginare quanto sia stato difficile nascondere l'episodio alla stampa. La cosa curiosa era che lo stesso Sinatra aveva avuto una relazione con Marilyn, una di quelle mai finite veramente; Frank probabilmente aveva lo stesso interesse di Joe a sfondare quella porta. Secondo alcuni biografi, fu Sinatra a essere rifiutato dalla Monroe, secondo altri la diva ha sperato per tutta la vita nell'ufficialità di un matrimonio con il musicista. Qualcuno faccia partire la sigla di *CentoVetrine*, grazie.

Sia come sia, alla fine, dopo otto mesi d'inferno, Marilyn e DiMaggio divorziano. La goccia che fa «sbroccare» il vaso, è la celebre scena del film *Quando la moglie è in vacanza*, quella iconica in cui la gonna di Marilyn si alza fino a scoprire le cosce causando il primo svenimento *worldwide* della storia.

Nonostante la sua carriera proceda a gonfie vele, per Marilyn non è un periodo facile. Nel settembre del 1955 Grace, la donna che l'aveva allevata, si toglie la vita ingoiando due etti di sonniferi. Si vede che in quegli anni in farmacia davano barbiturici come fossero matite all'Ikea. Nel 1957 vince il suo primo Golden Globe come miglior attrice per il film *Fermata d'autobus*. Il 29 giugno si sposa con Arthur Miller; i due insieme sembrano la versione antesignana della *Pupa e il secchione*: lui scrittore, sceneggiatore e intellettuale acclarato, lei icona pop del grande schermo. Ed è proprio la loro diversità che fa funzionare la coppia, Miller è l'unico uomo che sembri in grado di comprendere la fragilità di Marilyn, o meglio, della Norma Jeane che scalpita dentro di lei. Nemmeno questa relazione però è destinata a durare. Per la prima volta Marilyn vorrebbe un figlio e lo vuole da Arthur, ma il suo corpo si ribella. Subisce un aborto dietro l'altro a causa dell'endometriosi di cui soffre, inizia a patire l'insonnia e, di conseguenza, ad abusare di farmaci. Sul set non riesce proprio a essere puntuale e spesso non ricorda le battute, costringendo gli altri interpreti a lunghe attese. Il 1960 è l'anno del secondo Golden Globe, questa volta per il film cult *A qualcuno piace caldo*. Durante le riprese di questa pellicola l'attrice è così rincoglionita da dover ripetere cinquantanove volte la scena in cui pronuncia la frase: «Dov'è il bourbon?» A fine riprese di bourbon ce ne volle un otre. Il suo unico sfogo sembrano essere diventate le lunghe chiacchierate al telefono con l'ex marito Joe DiMaggio, che continuerà a sostenerla e a darle consigli fino alla fine.

Con grande difficoltà e dopo un ricovero di dieci giorni per abuso di alcol e farmaci, Marilyn riesce a completare le riprese del film *Gli spostati*, scritto per lei da Miller. Ormai siamo arrivati al punto che non potevi lasciare un'aspirina incustodita che lei la faceva sparire veloce come un taco in una puntata di *Vite al limite* su Real Time. Il 7 febbraio del 1961 chiude il beauty e di sua spontanea volontà si ricovera all'ospedale psichiatrico di New York, solo che i medici vedendola conciata come Mark Renton in *Trainspotting* non vogliono più farla uscire. A questo punto interviene Joe DiMaggio che la fa letteralmente evadere facendola passare dalla cantina. Da questo punto in poi iniziano una serie di disgrazie inenarrabili. Appena dimessa, per sfuggire alla calca dei giornalisti si prende un microfono in faccia. Mesi dopo viene prima operata all'utero, poi le viene asportata la colecisti per una calcolosi. Nel frattempo, l'ormai ex marito Arthur Miller le manda la partecipazione per il proprio matrimonio mentre Frank Sinatra, fiamma mai sopita da anni, annuncia il suo fidanzamento ufficiale. Per la diva è un continuo entrare e uscire dalle scene a causa dei problemi di salute.

Il 19 maggio al Madison Square Garden, durante i festeggiamenti per il compleanno del presidente John Fitzgerald Kennedy, Marilyn canta davanti a circa quindicimila persone *Happy Birthday, Mr. President*. I due si erano già incontrati a metà degli anni Cinquanta e avevano avuto una relazione, non si sa quanto seria. Alla fine, John si era allontanato spezzandole il cuore. Quando Marilyn per il suo compleanno gli regalò un rolex d'oro, il presidente lo donò a sua volta a un proprio collaboratore come fosse un kleenex imbrattato di moccio. Dopo la relazione con John, Marilyn, come Brooke con i fratelli Forrester, iniziò a vedersi con Robert Kennedy. A un certo punto rimase incinta e iniziò a dire in giro che il figlio era di Bob, com'è probabile che fosse. Agli amici confessò che lui aveva intenzione di sposarla. Sfortunatamente durante le riprese del film *Something's Got to Give* Marilyn abortisce. A causa delle continue assenze dal posto di lavoro, la 20th Century Fox la licenzia e intenta una causa contro di lei per mezzo milione di dollari.

Il 5 agosto del 1962, a soli trentasei anni, Marilyn Monroe viene trovata morta nella sua casa di Los Angeles per un'overdose di barbiturici. I funerali vengono organizzati da Joe DiMaggio. Da allora non si è mai smesso di discutere su quella morte, tanto attesa quanto inaspettata, ma questa è un'altra storia.

Nel 1999 l'American Film Institute ha proclamato la bionda Marilyn la sesta più grande attrice della storia del cinema.

CURIOSITÀ

L'autobiografia di Marilyn, *La mia storia*, venne scritta intorno al 1954, quando lei era all'apice del successo, ma fu pubblicata solo nel 1974, dodici anni dopo la sua morte. Nel libro, raccontando la brutta esperienza vissuta con il direttore dello Studio X agli inizi della sua carriera, Marilyn scrive: «Ritornai a casa in auto. Sì, avevo qualcosa di speciale e sapevo cos'era. Ero il tipo di ragazza che trovano morta in una camera da letto con un flacone vuoto di sonniferi in mano».

È come se avesse saputo già tutto sin da allora. Ma si sbagliava, Marilyn è molto più di questo.

Giovanni Pascoli

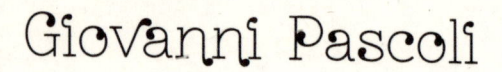

Poeta romagnolo traumatizzato dalla morte del padre cerca di ristabilire il nido familiare ma viene preso in ostaggio dalla sorella psicopatica.

La letteratura italiana è ricca di autori dalla personalità eccentrica. D'Annunzio, lo sappiamo bene, era sempre sotto la pioggia col birillo al vento in mezzo alle tamerici salmastre ed arse; il massimo della romanticheria per il poeta Vate era regalare fazzoletti di seta intrisi del suo seme alle dame: sfrontato e luculliano, come piace a noi. L'Alighieri aveva più spocchia che naso, e già questo la dice lunga, con una sola opera si è disfatto dei suoi nemici presenti, passati e futuri: arcigno e letale, esperto di *dissing*. E come non citare Giacomino, il nostro passero solitario che non si compagna, non vola, schiva gli spassi, ma intanto era un gran ribelle non privo di una certa arroganza: fuoco sotto la cenere. In questo panorama, Giovanni Pascoli è il nostro bravo ragazzo di campagna, l'eterno fanciullino più famoso

RITORNAVA UNA RONDINE AL TETTO:
L'UCCISERO: CADDE TRA SPINI
RIMETTIMI A POSTO! IO SONO IL PASSERO DI LEOPARDI!

d'Italia dopo Gianni Morandi e, inequivocabilmente, uno sfigato!

Giovanni Pascoli nasce il 31 dicembre del 1855 a San Mauro di Romagna, oggi San Mauro Pascoli in suo onore, in provincia di Forlì. Il padre Ruggero è amministratore della tenuta La Torre per conto dei principi di Torlonia. Grazie a questo incarico la famiglia Pascoli può considerarsi benestante e Giovanni trascorre una prima parte dell'infanzia felice e spensierato, a defecare tra le ortiche e a dare la caccia alle lucertole.

È il quarto di dieci fratelli, evidentemente a San Mauro la sera faceva molto freddo e c'era poco altro da fare. In pochi sanno che il suo nome di battesimo per intero è Giovanni Agostino Placido, una roba che già a dirla ti viene il sonno. Eppure, è un nome che allo stesso tempo gli sta bene addosso: Giovannino è un bambino paffutello e curioso, ma disciplinato, che ama trotterellare come un panzerottino per le campagne di San Mauro e rimpinzarsi di piadine con la culatta. A partire dal 1862 inizia a frequentare il Collegio degli Scolopi di Urbino, insieme ai fratelli Giacomo e Luigi. Il 10 agosto 1867 i tre ragazzi vengono raggiunti da una notizia drammatica: il padre Ruggero è stato assassinato sul suo calesse mentre tornava da Cesena. La vicenda è tristemente nota al pubblico grazie alla poesia di Pascoli *X agosto*, quella che ancora oggi qualche analfabeta con la mamma peripatetica chiama «Per agosto». Sono versi che conosciamo tutti, e che ci hanno traumatizzato al pari dell'assassinio di Mufasa o di quello di Albus Silente. La morte di quell'uomo che tornava al suo nido portando due bambole in dono pone fine all'infanzia di Giovanni, che per la prima volta si rende conto di come questo sia proprio un mondo di merda – o come ha scritto molto più elegantemente lui, un «atomo opaco del Male».

Giovanni e i suoi fratelli vestono per un periodo i panni dell'ispettore Derrick, cercando di scoprire l'identità degli assassini di Ruggero. Arrivano più volte vicini alla verità, ma a una certa prendono più manate di un clacson sul raccordo anulare e lasciano stare.

Come dice il proverbio, le disgrazie non vengono mai da sole ma a grappolo, un po' come la cefalea e le emorroidi. Con la morte del *pater familias*, i Pascoli si trovano improvvisamente poveri e sono costretti a lasciare la tenuta. Un anno dopo parte una serie impressionante di lutti: la sorella Margherita muore di tifo e la madre Caterina per un attacco cardiaco. Nel 1871 ci lascia anche il fratello Luigi, colpito da meningite, e nel '76 il fratello Giacomo, sempre di tifo. Giovanni attraversa comprensibilmente un periodo difficile, del resto gli unici a festeggiare sono quelli delle pompe funebri che per l'occasione avevano creato un pacchetto famiglia.

Dopo la morte del fratello Luigi, Giovanni lascia il Collegio degli Scolopi (dove non si *scolopava* per niente) mentre le sorelle Ida e Maria vengono spedite nel collegio del Convento delle suore agostiniane di Sogliano al Rubicone.

In una manciata di anni Pascoli perde quindi il nido della tenuta, tema caro alla sua poesia, e l'unità familiare, eguagliando in quanto a caduta in disgrazia solo Daenerys Targaryen dopo la morte di Khal Drogo. Grazie a una borsa di studio di seicento lire, che poi perderà per aver partecipato a una manifestazione studentesca, Pascoli si iscrive all'Università di Bologna. Qui ha come docente Giosuè Carducci, un altro che quanto a lutti non scherzava, e infatti scatta una discreta sintonia tra i due e Giovanni diventa presto uno dei suoi studenti prediletti. In questi anni si avvicina al movimento anarco-socialista e durante una manifestazione viene fermato e messo in gattabuia. Giovanni è chiaramente il classico bravo ragazzo capitato al posto sbagliato nel momento sbagliato, Carducci stesso interverrà a suo favore durante il processo con queste parole: «Il Pascoli non ha capacità a delinquere in relazione ai fatti denunciati», che è un po' la versione formale di «Figuratevi se 'sto babbione era lì per fare la rivoluzione». Sia come sia, Pascoli si fa cento giorni di carcere e una volta libero verrà a più miti consigli, allontanandosi dall'attivismo politico.

Dopo la laurea intraprende la carriera di insegnante di latino e greco nel liceo di Matera. Nel frattempo, le sorelle Ida e Mariù escono dal convento più incarognite di Cruciani davanti a un nazi vegano; Mariù in particolare rimprovera il fratello, attraverso una serie di lettere, di averle abbandonate, scatenando nel poeta una serie di sensi di colpa. È il 1884 quando finalmente Giovanni riesce a ricostruire, almeno in parte, il felice nido familiare della sua infanzia: quell'anno infatti viene trasferito da Matera a Massa e può chiamare a vivere con sé Ida e Mariù, diciannovenne una e ventunenne l'altra. I Pascoli si sistemano in una bella villa fuori città, circondata dal verde, e inizia per loro un periodo idilliaco, che non a caso coincide con un ritorno di Giovanni alla poesia. Le malelingue locali, naturalmente, si sguinzagliano immediatamente e il professorino che vive «con un harem» a casa sua non passa inosservato, ma l'incendio del pettegolezzo è soffocato sul nascere quando si diffonde la notizia che le due giovani conviventi di Giovanni altro non sono che le sue sorelle minori. Oddio, «soffocato» è una parola grossa, visto che oltre un secolo dopo ancora si dibatte sull'esatta natura dell'amore che legava i tre, e perfino affermati psichiatri hanno detto la loro sulla presunta cosa a tre che si consumava sotto il tetto del Nido. Hai capito i Pascoli? Sta' a vedere che erano più incestuosi dei Lannister. Ma queste sono vili supposizioni, orsù, procediamo.

Nel 1887 l'idillio massese termina bruscamente: Giovanni è stato trasferito a Livorno. I tre giovani Pascoli traslocano dalla loro bella villa campestre a un mesto appartamento di città e iniziano i problemi: Giovanni non si ambienterà mai del tutto a Livorno e sarà pure costretto ad accettare lavoretti extra per sbarcare il lunario. Eppure è in questi anni di stress che il poeta dà il meglio e nel 1891 esce la sua prima raccolta di poesie, *Myricae*, un'opera che presenta le caratteristiche principali del suo pensiero: l'amore per gli aspetti più umili e semplici della vita – le piccole cose insomma, come la punta del cornetto, il pigiama sul termosifone, l'ultima fetta di pizza fredda alle tre di notte quando sei appena rincasato con lo stesso tasso alcolemico di Bukowski. La poesia è per Pascoli un mezzo per ritrovare l'infanzia perduta, e infatti nei suoi componimenti nomina animali, piante e oggetti di uso quotidiano propri degli ambienti di campagna. La realtà esterna appare invece sfumata, come in un sogno, un aspetto che sottolinea l'inquietudine dell'autore e la sua voglia di ritrovare uno spazio intimo e protetto, il nido che la sorte gli ha sottratto.

Il 1895 è un anno cruciale per Pascoli. Avvengono due cose: viene promosso professore ordinario e inizia a spostarsi tra Bologna, Messina e Pisa; Ida si sposa con un certo Salvatore Berti. Giovanni non la prende benissimo: non assiste neanche alla cerimonia! Di certo vive l'abbandono di Ida come un tradimento bello e buono, l'ennesima distruzione del nido faticosamente ricostruito. Così, nonostante la notorietà e il successo stiano ormai bussando belli decisi alla porta del poeta, Pascoli rifugge la città e i suoi doveri con la stessa determinazione di Salvini davanti a un centro sociale, preferendo sempre rimanere un topo di campagna. Abbandona Livorno subito dopo il matrimonio di Ida e si trasferisce nel borgo di Castelvecchio, nel comune di Barga, insieme alla sorella Mariù. Con loro anche una capra, due pecore e un mulo, quest'ultimo di gran lunga più ragionevole della sorella.

I due non riescono proprio a digerire le nozze di Ida e di fatto i rapporti con la stessa si raffreddano subito dopo il matrimonio. C'è da dire che Ida e Salvatore andarono per anni alla porta dei Pascoli per elemosinare denaro, manco fosse un bancomat, e questo aiutò un pelino l'instaurarsi del gelo.

Il tempo passa e Mariù prova per Giovanni una gelosia sempre più morbosa, attaccandosi a lui con la stessa disperazione di un ipocondriaco a una puntata di *Malattie imbarazzanti*. Dal canto suo Pascoli, ormai alla soglia dei quarant'anni, è tentato dall'idea di farsi una famiglia tutta sua. All'indomani del matrimonio di Ida, e di nascosto alla sorella Mariù, si fidanza con la cugina Imelde Morri di Rimini. Quando Mariù lo scopre fa una scenata, si strappa i capelli, si autocommisera e mette in guardia il fratello dai pericoli del matrimonio. Pascoli la rassicura promettendole che non si sposerà fino a quando non le avrà trovato uno straccio di marito, impresa facile quanto riportare l'Unico Anello sul Monte Fato: Mariù ha infatti un carattere non facile, e Giovanni lo sa. La donna non si arrende, arriva anche a frugargli nel portafogli in cerca di lettere d'amore, e a un certo punto, esasperata, viene posseduta dallo spirito di uno dei bravi del Manzoni: «Questo matrimonio non s'ha da fare, né domani, né mai».

Per capire bene la vicenda dobbiamo fare una premessa: Pascoli aveva una piccola malformazione al mignolo del piede. Una robetta da nulla, niente di invalidante, certo non poteva mettersi i sandalini d'estate ma questa, se ci pensate, non è nemmeno una sfortuna per un uomo. A un certo punto della relazione tra Giovanni e Imelde, Mariù racconta al fratello di essere venuta a conoscenza dalle sorelle di Imelde che la stessa non avrebbe mai sposato un uomo con il «mignolo guasto». Cosa avrà voluto dire? Con l'espressione «mignolo guasto» si voleva forse alludere a una malattia venerea cronica da cui il Pascoli sarebbe stato afflitto? O forse era riferito alla scarsità di centimetri del poeta nella zona subombelicale? Quale oscuro mistero si cela tra le pudenda del Pascoli? Non lo sapremo mai.

Tornando seri, nonostante Imelde abbia negato quelle parole, Pascoli manda all'aria il matrimonio scegliendo in via definitiva la scapolanza e l'autoerotismo. Nel 1897 pubblica per la prima volta il saggio *Il fanciullino* sulla rivista fiorentina *Il Marzocco*. Con questo testo definisce il ruolo del poeta e la funzione della poesia: il poeta è tale secondo Pascoli in quanto è in grado di risvegliare e ascoltare «il fanciullino» che vive sopito dentro di lui. Egli guarda al mondo con innocenza e genuinità, emozionandosi e sorprendendosi davanti a cose che gli adulti hanno dimenticato. Ad esempio, quando a Pasqua non ti regalano l'uovo Kinder perché «ormai sei troppo grande» e tu rimani pietrificato come il sasso di Fantaghirò mentre il cuginetto di cinque anni viene sepolto vivo sotto le uova di cioccolato, è del fanciullino quella voce che ti sussurra: «Prendine uno e scappa, tanto quel lillipuziano pensa solo alla sorpresa».

Tornando alla poetica pascoliana, il fanciullino del poeta riversa la sua immaginazione in ogni oggetto reale trasformandolo in un simbolo. Il ruolo della poesia è risvegliare il fanciullino altrui, rendendo meno dura la vita degli uomini e ispirando sentimenti di pace, amore e fratellanza. Evidentemente Pascoli non aveva mai visto una classe di fanciullini di seconda elementare, altro che ingenuità e altro che risvegliarli, casomai dormissero! Quelli sono in grado di rovesciare il Pentagono con una combo micidiale di moccio e strilla spaccatimpani.

Alla fine del secolo la fama di Pascoli è alle stelle, è infatti considerato il maggiore poeta latino del suo tempo. Nel 1892 vince la prima delle sue tredici medaglie d'oro al Concorso internazionale di poesia latina di Amsterdam. Entra anche in contatto con Gabriele D'Annunzio, il quale gli dichiarerà tutta la propria ammirazione, anche se non riusciamo a immaginarci due personalità più diverse delle loro. Da una parte Gabry, che sguazza nella patata, e dall'altra Giovannino, che la patata la frequenta per lo più nell'orto di Castelvecchio insieme ai cavolfiori.

Nel 1903 vede la luce la prima edizione dei *Canti di Castelvecchio*. Rispetto a *Myricae*, qui Pascoli ha ormai portato alla sua massima espressione il linguaggio del simbolismo. Uno dei temi principali è la percezione della morte come definitiva, in contrapposizione all'eterno ritorno della natura. Presente come sempre il tema dell'infanzia insieme a quello dell'omicidio del padre, un evento senza giustizia che tormenterà il poeta fino alla morte.

Intanto continuano senza sosta i drammi familiari, peggio che in un film di Gabriele Muccino. In particolare si fanno burrascosi i rapporti tra Giovanni e il fratello Giuseppe, che lo mette più volte in imbarazzo facendosi buttare sul marciapiede di tutti i bar di Bologna ubriaco come una scimmia. Inoltre, sempre per la teoria delle disgrazie a grappolo, nel 1910 il marito di Ida abbandona moglie e figli per scappare in America dopo aver ricevuto un grosso prestito da Giovanni.

Per il poeta si apre un periodo di grande depressione e infelicità, vino e cognac diventano il rifugio del suo malessere. Muore a soli cinquantasei anni di cirrosi epatica, nell'aprile del 1912. Sul certificato di morte la sorella Mariù, che guarda caso è sempre in mezzo, farà scrivere tumore allo stomaco. Nella biografia da lei scritta sulla vita del fratello – *Lungo la vita di Giovanni Pascoli* –, Mariù ha volutamente omesso altri particolari dell'esistenza del poeta che la donna reputava sconvenienti, come l'affiliazione alla Massoneria e le simpatie anarchiche giovanili. E chissà che altro.

CURIOSITÀ

Come in vita, anche dopo la morte Pascoli faticò a trovare pace. All'indomani del decesso si scatenò una vera e propria diatriba sull'ultima dimora del poeta. Da un lato i romagnoli reclamavano la sepoltura nella sua terra natale, tanto che da San Mauro partì una delegazione pronta ad appropriarsi del feretro anche con la forza. Alla sorella fu proposta la sepoltura a Bologna, di fianco alla tomba di Carducci, ma Mariù intendeva rispettare le ultime volontà di Giovanni, che aveva chiesto di essere seppellito a Castelvecchio. Dopo i funerali celebrati a Bologna la salma iniziò un viaggio destinato a fare scalpore. Arrivò su un treno speciale a Lucca, dove era attesa da migliaia di persone. Il prefetto Carafa aveva fatto chiudere la stazione, convinto che le celebrazioni del poeta sarebbero state strumentalizzate dalla Massoneria, ma la folla ruppe i cancelli. Il convoglio si diresse quindi alla stazione di Fornaci di Barga, da dove un lungo corteo funebre iniziò a dipanarsi sotto la pioggia scrosciante. Percorsi pochi metri tuttavia il corteo fu costretto a fermarsi per il maltempo e alcuni studenti di Bologna, insieme a diversi cittadini di San Mauro, ingaggiarono una vera e propria protesta contro il parroco di Barga. A quel punto il feretro venne tumulato in tutta fretta in un loculo provvisorio e, per paura che qualche testa calda decidesse di portarselo a casa e metterlo in giardino accanto ai nani di ceramica, carabinieri e guardie comunali rimasero a sorvegliarlo per due giorni e due notti. Solo diversi mesi dopo, a ottobre, la salma fu finalmente trasferita nella cappellina di Castelvecchio.

Cesare Pavese

Nel tentativo di imparare il mestiere di vivere, uno scrittore piemontese finisce per meditare il suicidio tante volte quante sono state le donne che lo hanno friendzonato.

l 9 settembre 1908 Cesare Pavese viene alla luce in quel di Santo Stefano Belbo, paesino delle Langhe piemontesi. Alla nascita pesa la bellezza di cinque chili e duecento grammi: è così grosso che il prete, vedendolo, invece di battezzarlo gli dà direttamente la cresima. La sua è una famiglia economicamente stabile ma per niente felice, una sorella e due fratelli erano infatti morti prima della nascita di Cesare. La madre, Fiorentina Consolina Mesturini – una donna un diminutivo – è così provata dai lutti che non riesce a manifestare a Cesarino il minimo affetto. La donna è inoltre di salute molto cagionevole e per questo appena nato lo affida a una balia di un paese vicino. Quando Cesare ha sei anni il padre muore per un cancro al cervello e nello stesso anno la sorella si ammala di tifo. Fin qui ci sono tutti i presupposti per un viaggio di sola andata a Lourdes. L'unica nota positiva è rappresentata dalle scorrazzate infantili nei campi, a caccia di bisce insieme all'amico Giuseppe Scaglione detto Pinolo, figlio di un falegname. Pinolo è un po' più grande di Cesare e molto più smaliziato, è il classico ragazzino che ama impicciarsi negli affari dei più grandi, e per questo le prende spesso e volentieri. Si deve dire che a pestare uno che si chiama Pinolo c'è più gusto, quantomeno per farci il pesto. L'amicizia tra i due accompagnerà Cesare per tutta la vita e Pinolo sarà immortalato come Nuto nell'ultimo romanzo di Pavese, *La luna e i falò*. L'insolito *nom de plume* scelto da Cesare per la trasfigurazione letteraria del suo amico è un'abbreviazione del «Benvenuto!» con cui lo scrittore accoglieva calorosamente Pinolo ogni volta che lo passava a trovare a Torino. Ora, capiamo che Giuseppe fosse un filo troppo mainstream e Peppe facesse un po' terrone, ma a questo povero falegname delle Langhe un soprannome normale proprio mai?

Cesare frequenta la prima elementare a Santo Stefano Belbo ma continua gli studi a Torino. A scuola è il classico ragazzino intelligente che non si applica, per di più la città gli fa grandemente schifo. Al ginnasio è in classe con una squadra di figli di papà con la «r» moscia e la puzza sotto il naso e, lui che era cresciuto nelle Langhe a giocare a tressette con le marmotte, non riesce proprio a sopportarli, anche se è in questo periodo che stringe amicizia con il com-

...E CESARE
PERDUTO
NELLA PIOGGIA
STA ASPETTANDO
DA SEI ORE
IL SUO AMORE BALLERINA...

pagno Mario Sturani, un tipetto vivace e intraprendente che resterà uno dei più intimi amici di Pavese fino alla fine.

Cupo e solitario come un Giacomino qualsiasi, Cesare diserta spesso e volentieri la scuola e se ne va a zonzo per la città senza dar spiegazioni a nessuno. Allo stesso tempo inizia a leggere molto, frequenta la Biblioteca Civica insieme a Sturani, ama D'Annunzio e Poe, nei temi di italiano va spesso fuori traccia ma il professore glielo perdona perché è sempre farina del suo sacco, e che sacco! (Ce ne fossero di più di professori così! Ma che vogliamo saperne noi, che davanti alla traccia sulla scampagnata di Ferragosto divagavamo fino ad arrivare ai trattamenti ortopedici dell'alluce valgo, geni incompresi della letteratura...) Poi arriva l'adolescenza e quel prospero bebè di cinque chili e rotti cresce improvvisamente, tutto in altezza, senza mettere su nemmeno un etto. A tredici anni è già alto come il debito pubblico italiano e sul mento gli cresce la tipica peluria figa-repellent che chiamarla barba è un insulto a Lucio Dalla (difatti è più simile a quella lanugine dei maglioni che ti ritrovi a volte nell'ombelico). È insomma in quella fase dello sviluppo in cui sei un incrocio indefinito tra un uomo, un cinghiale e un accrocco di ormoni senza meta.

Nell'ottobre del 1923 Cesare inizia a frequentare il liceo d'Azeglio. Qui stringe amicizia con Tullio Pinelli e anche questa, come quella con Pinolo e Sturani, è un'amicizia che durerà tutta la vita. Grazie a questi legami Cesare inizia ad aprirsi un po' con i coetanei, dopo le lezioni c'è sempre un bar da frequentare, in altre parole Torino inizia a piacergli. Con le ragazze è più insicuro di un congiuntivo di Di Maio e il suo primo amore è proprio una compagna di classe, tale Olga. Pavese è immobilizzato da una timidezza invalidante, di fronte a lei è incapace di proferire parola, non sa fare altro che guardarla e sudare come Salvini davanti a un piatto di gnocchi col gorgonzola. La prima grande batosta la prende però per una cantante-ballerina che si esibisce in un *cafè chantant* vicino al liceo, il Meridiana. Dopo diverse notti insonni, il ragazzo prende coraggio e le chiede un appuntamento, che lei gli concede per l'indomani. Mentre Cesare la aspetta davanti all'ingresso del locale, teso come la corda di un violino, la ragazza effettivamente esce ma dalla porta sul retro insieme a un gonzo con il QI di una schiumarola. Pavese resta lì fino a mezzanotte, perduto nella pioggia, una storia che tutti abbiamo cantato almeno una volta con le parole di De Gregori, «... ma tutto questo Alice non lo sa». Tutto molto bello e romantico, solo che dopo sei ore sotto la pioggia battente Pavese si prende la pleurite e rimane tre mesi a casa da scuola, più di là che di qua, moralmente tanto disperato da invocare la morte.

Siamo nei primi anni Venti e nel frattempo Torino, in quanto città operaia, è terreno di conquista del fascismo. Nel dicembre del '22 avviene uno scontro a fuoco durante il quale muoiono due militanti fascisti; il fatto causa la reazione delle squadre d'azione capeggiate da Piero Brandimarte. Il colpevole viene ricercato presso gli esponenti della fazione politica opposta, i comunisti, e negli scontri muoiono quattordici uomini. Pavese, ancora un ragazzo, assiste passivamente a questi tumulti, ignaro del fatto che presto, come tutti, anche lui sarà chiamato a scegliere. Al D'Azeglio il suo professore di italiano e latino è l'antifascista Augusto Monti, una figura destinata a diventare un punto di riferimento nella vita di Cesare. Monti è il classico prof severo in grado di incenerirti con lo sguardo al minimo sussurro, eppure non puoi fare a meno di amarlo perché, quando inizia a spiegare, Alberto Angela al suo confronto è Tinky Winky dei Teletubbies.

Pavese è in terza liceo quando un suo compagno di classe, Elico Baraldi, si toglie la vita sparandosi con una rivoltella. L'episodio compromette ulteriormente il fragile equilibrio psichico di Cesare, spingendolo a progettare di emularlo. Si recherà, armato, nello stesso luogo in cui il ragazzo e la sua fidanzata si erano sparati pochi giorni prima, ma non riuscirà a premere il grilletto, la mano gli trema troppo, finirà per scaricare i colpi a vuoto su un albero. Tornerà a casa sentendosi un vigliacco, incapace di compiere il proprio stesso volere. Il pensiero di farla finita, il vizio assurdo, sarà una presenza costante nell'esistenza di Pavese. Qualche mese dopo il fatto un altro amico, il figlio del professor Predella, sceglie di togliersi la vita e Cesare è annichilito da questi tragici avvenimenti. I drammi dell'infanzia sembrano tornare a galla e con loro la nostalgia del legame profondo che non è mai riuscito a instaurare con la madre e la sorella.

Dopo la maturità Pavese è alle prese con i primi scritti, ne invia alcuni al responsabile della rivista *Ricerca di poesia*, che li usa per rivestire la gabbia del suo merlo. Si iscrive quindi alla facoltà di lettere dell'Università di Torino, dove si laurea a soli ventidue anni con una tesi su Walt Whitman. Negli anni universitari frequenta assiduamente il gruppo degli «ex d'Azeglio» dove confluivano sia i suoi vecchi compagni di classe, sia personaggi di spicco del futuro antifascismo come Leone Ginzburg, Norberto Bobbio, Massimo Mila e Giulio Einaudi, tutti sotto la guida del professor Monti. Durante quelle riunioni si parla di diritti, di libertà, si organizza la resistenza contro Mussolini, ma Pavese è riluttante alla lotta politica, pensa solo a leggere, scrivere e a farsi pubblicare.

In questo periodo un'altra donna entra nella sua vita. Nella raccolta di poesie *Lavorare stanca* Pavese la chiama «la donna dalla voce rauca». Si tratta di Tina Pizzardo, studentessa di matematica: non è una gran bellezza, ma per lei Cesare perde completamente la testa. Per conquistarla la invita a bere un Bronchenolo sciroppo, le spalma il Vicks sulla schiena, le indirizza fiumi di lettere, insomma, fa il pesantone. Le dichiara il suo amore almeno centordici volte e lei, disperata, non sa più come dirgli che si deve proprio levare. Poi, poco tempo dopo la laurea, muore la madre di Pavese e così alla delusione amorosa si somma il senso di colpa. Cesare si rifugia allora a Santo Stefano Belbo, dove non può nemmeno fare visita alla casa di famiglia poiché è stata venduta dopo la morte del padre per via delle ristrettezze economiche. Va quindi a vivere con la sorella; si sente un incapace, solo e abbandonato da tutti. Si guadagna da vivere come traduttore, tra gli altri traduce bazzecole come *Moby Dick* di Melville e *Ritratto dell'artista da giovane* di Joyce, al contempo fa piccole supplenze e inizia a lavorare per la rivista di ispirazione antifascista *La Cultura*, il cui logo, uno struzzo, verrà in seguito ereditato dalla casa editrice di Giulio Einaudi.

Storicamente siamo in quel periodo del nostro Paese in cui se non avevi la tessera del fascio non potevi nemmeno usufruire di una latrina pubblica. Pavese per lavorare ha bisogno di partecipare a dei concorsi pubblici e, dopo tante insistenze da parte della sorella e del cognato, si iscrive al Partito fascista. È una decisione della quale si pentirà quasi subito e per la quale non si perdonerà mai. Sono diverse le lettere in cui accusa la sorella di avergli fatto fare, per la prima volta, qualcosa che va contro la sua coscienza. Intanto Giulio Einaudi fonda la sua casa editrice e, giacché Leone Ginzburg è in gattabuia, Pavese si guadagna la direzione della rivista *La Cultura*.

Nel '35 per Cesare succede il patatrac. Paolo Fox gli prevede Saturno contro, e quello si sa, fa danni, e infatti non gliene va una giusta. Per iniziare, numerosi suoi amici del D'Azeglio vengono arrestati per aver firmato una lettera di solidarietà a Benedetto Croce. Cesare, sempre fuori da qualsiasi attivismo, la considera una bravata evitabile, non di meno corre ad avvertire l'amico Massimo Mila del pericolo. Nel frattempo, la donna dalla voce rauca, anche lei ricercata, gli chiede il favore di ricevere alcune lettere al suo indirizzo. Lui accetta, tempo un amen e si trova la polizia fascista in casa, e tra le sue carte viene trovata una lettera di Altiero Spinelli, già in carcere per motivi politici. Pavese viene condannato per antifascismo e spedito prima nel carcere di Torino e poi a Regina Coeli, da qui, animato dalla solita positività e voglia di vivere scrive queste righe alla sorella Maria: «Niente di nuovo. Aspetto sempre. Ho l'asma e voglia di crepare. Saluti».

Bene ma non benissimo. Dopo il carcere Cesare viene mandato al confino in Calabria, a Brancaleone, il posticino perfetto per uno che medita di ammazzarsi da quando ha tredici anni. Nel 1936, mentre è lì ad ingozzarsi di pane fresco con la 'nduja, esce la prima edizione di *Lavorare stanca*, un'opera bellamente ignorata dalla critica. A una certa ci si mette anche il suo ex professore Augusto Monti a rigirare il dito nella piaga. Quando Cesare gli manda alcuni scritti per un giudizio, Monti risponde dicendogli che dovrebbe smetterla di emulare D'Annunzio. Il prof lamenta anche il fatto che tutti i personaggi di Pavese scelgano di morire da suicidi, chi l'avrebbe mai detto. Sia come sia, negli anni calabresi Cesare inizia a scrivere il suo zibaldone, un diario personale che verrà pubblicato postumo con il titolo *Il mestiere di vivere*.

Alla fine del '36 Pavese torna a Torino e scopre che tutti

i suoi amici sono imprigionati o latitanti, che le sue opere sono state considerate non idonee per la pubblicazione e che l'amore della sua vita, Tina, quella con la raucedine, si è fidanzata. A questo punto, buttando alle ortiche ogni tentativo di dignità, supplica Tina di lasciare il suo tipo e lei, per tutta risposta, si sposa in pompa magna con tanto di Enzo Miccio al seguito e un'esclusiva per *Verissimo*. Lui la prende bene e le indirizza una lettera fitta di insulti che avrebbe fatto arrossire pure Sgarbi. Da questa triste esperienza con la donna dalla voce rauca, nasce il romanzo breve autobiografico *Il carcere*.

Nel '40 Norberto Bobbio gli presenta Fernanda Pivano, che in realtà lui conosce già essendo Nanda una sua ex allieva dei tempi in cui faceva il supplente al liceo. In lei Cesare trova un'amica, una confidente e, spera, una futura moglie. La corteggia leggendole a volte Montale, altre le sue stesse poesie, nel mentre lei se la dorme della grossa con tanto di rivoletto di bava che le scende dall'angolo della bocca. Magari la ragazza, così giovane, avrebbe preferito andare in discoteca a dimenarsi al ritmo di *Anvedi come balla Nanda*. Nel '40 Pavese le chiede di sposarlo e la ragazza rifiuta; lui indefesso ci riprova nel '45, con lo stesso risultato. Tre anni dopo Nanda sposa un architetto. A lei Pavese dedica tre bellissime poesie, *Mattino*, *Notturno* ed *Estate*, e parecchie bestemmie.

L'asma nervosa di cui soffre fin da piccolo tormenta Cesare, ormai profondamente abbattuto nel corpo e nello spirito. A una certa, durante una normale conversazione, un amico accenna all'ereditarietà di alcune malattie. Pavese sbianca, gli viene la tremarella, pensa ai suoi mal di testa ricorrenti e al tumore al cervello che ha ucciso suo padre. Sprofonda allora nella paranoia e fa pure l'errore di mettere i suoi sintomi su Google, scoprendo così di essere morto da sei mesi.

Intanto però, nel 1941, all'uscita di *Paesi tuoi* la critica si accorge finalmente che esiste e l'anno dopo viene assunto dalla casa editrice Einaudi. Nel 1943, dopo l'8 settembre, Torino viene occupata dai tedeschi. Mentre molti suoi amici si preparano alla lotta, lui si rifugia nel Monferrato dalla sorella dove, giusto per non farsi mancare nulla, entra in crisi mistica, lui che è sempre stato ateo.

Dopo la guerra torna a Torino dove inizia a comporre i *Dialoghi con Leucò* e scrive *Il compagno*, un'opera che afferma con forza la sua affiliazione al Partito comunista. Torna per un periodo a Santo Stefano Belbo dove inizia a scrivere *La luna e i falò*. L'opera, considerata uno dei suoi capolavori, viene pubblicata nella primavera del 1950. Per Pavese è un periodo di grandi alti e bassi, sul suo diario un giorno scrive «Oggi mi ammazzo» e l'altro «Che bella la vita! FESTA!»

Nel 1949, conosce l'attrice statunitense Constance Dowling, i due hanno una breve relazione amorosa e, per la prima volta, il matrimonio sembra cosa fatta. Constance però, tornata oltreoceano, non si fa più sentire. Per Pavese è la delusione definitiva.

A Constance lo scrittore dedica *Verrà la morte e avrà i tuoi occhi*, una delle sue liriche più famose. Parliamoci chiaro, con la gente che si trova in giro oggi, se qualcuno ti scrive una poesia come *Verrà la morte e avrà i tuoi occhi*, non dovresti semplicemente sposartelo ma pure erigergli un monumento in eterna venerazione che al confronto il Taj Mahal è un casello autostradale.

Nel 1950 Pavese vince il premio Strega per *La bella estate*. Alla cerimonia è accompagnato da Doris, sorella di Constance. Davanti a fotografi e giornalisti è così depresso e malconcio da non riuscire nemmeno ad alzare il premio, quasi si accascia su Doris. Qualche mese più tardi, il 27 agosto, viene ritrovato morto in un albergo di Torino dopo aver assunto una potente dose di sonniferi. Una sua nota poesia inizia con il verso «Ogni giorno che passa è un riandare», ma forse di quel riandare Cesare era ormai stanco. Ci ha lasciato la grandezza, quella vera, di un uomo che con ogni sua parola ha cercato il senso di questo nostro peregrinare, nel tentativo quasi sempre fallito di imparare il mestiere di vivere.

CURIOSITÀ

« Perdono tutti e a tutti chiedo perdono. Va bene? Non fate troppi pettegolezzi. » Queste parole sono state ritrovate scritte a mano sulla prima pagina dei *Dialoghi con Leucò*, il giorno della morte di Pavese. A che genere di pettegolezzi allude lo scrittore? Secondo alcuni Pavese soffriva di impotenza, il che spiegherebbe il suo scarso successo con le donne. Se ne troverebbe conferma, tra le righe, in alcune lettere della Pivano e nel diario di Pavese stesso, che scriveva: « Né delusione né gelosia m'avevano mai dato questa vertigine del sangue. Ci voleva l'impotenza, la convinzione che nessuna donna si gode la chiavata con me, che non se la godrà mai (siamo quello che siamo) ed ecco quest'angoscia ».
È anche vero che, sempre nel *Mestiere di vivere*, Cesare parla di impotenza in riferimento alla sua incapacità di trovare un posto nel mondo, ad adattarsi alle regole degli uomini. Che la verità stia nel mezzo?

Edgar Allan Poe

Un tizio inquietante con la fissa per i cimiteri scrive una serie di racconti dell'orrore che fanno comunque meno paura della vita del loro autore.

Edgar Allan «Paranoia» Poe è potenzialmente lo scrittore preferito di quelli che da bambini leggevano i libri della collana *Piccoli brividi*, che poi sono gli stessi che da grandi ti trascinano al cinema a vedere gli horror più agghiaccianti condannandoti a una notte di Ave Maria per scongiurare il demone che si cela sotto la pila di vestiti che hai abbandonato sopra la sedia dal '93. D'altronde stiamo parlando dell'autore che ha inventato la letteratura dell'orrore, ma anche il racconto poliziesco e il giallo psicologico.

Durante la sua breve vita, Poe ne patì di ogni, dalla povertà alla dipendenza da alcolici e droghe. Con la sua attività di scrittore mise d'accordo tutti, pubblico e critica, facendo altamente schifo a entrambi. Insomma, con quel faccino inquietante degno di un film di Tim Burton, Edgar ha tutte

HE'S JUST A POE BOY! FROM A POE FAMILY!
I'M JUST A POE BOY NOBODY LOVES ME ...

le carte in regola per entrare nel novero dei nostri grandi sfigati che hanno spaccato il mondo.

Nasce a Boston il 19 gennaio del 1809 da due attori di teatro. Il padre David abbandona la famiglia un anno dopo la nascita di Edgar e l'anno seguente anche la madre Elizabeth esce di scena, morendo per una tubercolosi polmonare. L'orfanello si sposta in Virginia dove viene preso in casa da John Allan, un mercante di successo che commerciava le solite cose tipo tabacco, stoffa ed esseri umani. La famiglia Allan con Edgar al seguito si trasferisce in Gran Bretagna nel 1815 e due anni dopo Poe inizia a frequentare un collegio a Chelsea. L'aula in cui studia confina con un piccolo cimitero e, per esercitarsi, a ogni ragazzo viene affidata una lapide sulla quale calcolare l'età del defunto: come imparare le sottrazioni facendo di necessità virtù, da qui il detto «fino alla bara si impara». Insomma, la scuola di Edgar è il classico ambiente allegro e spensierato adatto a un bambino. Pensate che il primo giorno di lezione veniva data a ognuno una vanga di legno con la quale scavare il fosso a chi sarebbe morto durante il periodo scolastico: questa sì che è alternanza scuola-lavoro!

Certamente crescere non doveva essere stata un'impresa facile per il piccolo Poe. Fin dall'infanzia Edgar confessa di vedere nel buio demoni e mostri. Anche da ragazzino è tormentato da un'innaturale ossessione per la morte, che invade la sua psiche tramutandosi in incubi ricorrenti. Insomma, vivere con Edgarino era un po' come avere per casa il ragazzino del *Sesto senso* che ogni tanto ti strattona la giacca e, con occhi freddi e vacui, ti dice: «Vedo la gente morta».

Dopo la prima miseranda scuola per giovani becchini, l'anemico Edgar continua a ricevere un'educazione rigorosamente anglosassone. Tra i banchi spicca per la sua innata dote per le rime, tanto che i compagni lo chiamavano *jingle-man*. Voci non confermate attribuiscono al piccolo Poe la precoce paternità della famigerata filastrocca «Non mi hai fatto niente, faccia di serpente» che da allora ha poi allietato gli anni dell'asilo di generazioni di virgulti.

Nel 1820 gli Allan tornano in Virginia e nel '25 Edgar frequenta per breve tempo l'Accademia di Richmond, dalla quale viene espulso per aver liberato il mostro di Serpeverde dalla Camera dei Segreti (ma forse questa è un'altra storia). Comunque, alla prodigiosa età di sedici anni Poe scopre la patata sotto le vesti di Elena Stannard, milf suprema nonché madre di un suo compagno di studi, tale Stifler. La signora, affetta da una malattia mentale, muore precocemente – un po' come tutti quelli che hanno la sventura di incontrare Poe – e Edgar passerà diverse notti sotto la pioggia a piangere sulla tomba di Elena. Guidato da un ormone implacabile quanto mortifero, Poe perde la testa per una certa Sarah Elmira Royster, con la quale si fidanza prima di iscriversi all'Università della Virginia. A questo punto pure i gatti neri, quando lo vedevano per strada, si toccavano gli zebedei.

All'università, come ogni matricola che si rispetti, fa

tutto tranne che studiare e anzi, accumula più debiti della Grecia scommettendo ai cavalli e fumandosi qualsiasi cosa possa essere rollato in una cartina, compreso il platano picchiatore. Durante quegli anni perde i contatti con Royster, che poi si sposerà con un altro uomo, e litiga col padre adottivo accusandolo di non ricevere da lui i sostegni economici necessari per gli studi. Nel 1827 fa la prima scelta coscienziosa della sua vita mollando l'università e trasferendosi a Boston per cercarsi una fatica.

Solo, senza un soldo e appena diciottenne, Edgar si arruola come soldato semplice nello United States Army. Nello stesso periodo pubblica la sua prima raccolta di versi, *Tamerlano e altre poesie*: l'opera ebbe lo stesso successo di uno stand di bistecchiere in un raduno vegano. Dopo aver raggiunto il grado di sergente, Edgar decide di rivelare la sua situazione al comandante Howard (per arruolarsi Edgar aveva infatti mentito sia sul suo vero nome sia sui suoi anni). Howard acconsente a congedarlo ma solo nel caso in cui Edgar avesse fatto pace con il padre adottivo, John Allan. Forse addolcito dalla morte della moglie, Allan perdona Poe che riesce finalmente a lasciare l'esercito nel 1829. Purtroppo la pace tra i due dura quanto una lampadina fulminata nello studio di *Pomeriggio Cinque*. Quando Allan si risposa, Edgar inizia a litigare pesantemente con i suoi fratellastri e il patrigno lo rinnega dopo avergli comunicato ancora una volta quanto gli facesse schifo.

Per un breve periodo Poe si trasferisce a Baltimora da

una zia, Maria Clemm, sorella di suo padre David. Qui fa la conoscenza della cugina Virginia, che all'epoca ha solo sette anni, e del fratello di lei Henry, di undici anni. Diversamente dalle foto che spuntano dalla ricerca immagini di Google, nelle quali sembra di trovarsi davanti a una specie di Charlot con la sifilide, l'Edgar ventenne è un ragazzo irresistibile per il genere femminile. Il viso pallido, i capelli lunghi, ricci e neri, l'andatura leggermente trasandata, i modi eleganti e gli abiti scuri provocavano non pochi mancamenti nello stuolo delle sue tante corteggiatrici. A Baltimora passa un periodo relativamente felice fino alla triste mattina in cui Henry viene ritrovato morto. Edgar diventa sempre più inquieto, tenebroso, a tratti violento, a buona ragione pensa pure di portare un tantinello sfiga. Passa il tempo a scrivere fiumi di racconti ricchi di ombre inquietanti e popolati da personaggi bizzarri.

Poe è il primo scrittore americano a cercare di mantenersi solo con la sua arte, fallendo miseramente. All'epoca il diritto d'autore era un'idea inconcepibile, come Giulia De Lellis che scala le classifiche dei libri più venduti (ops!) o Vittorio Sgarbi che discute con pacatezza e serenità, e gli editori si rifiutavano spesso di pagare gli autori o lo facevano con grande ritardo. Per questo motivo, non sorprendentemente, Poe si trova spesso in condizioni di estrema povertà.

Nel 1833 ecco un barlume di speranza: il *Baltimore Saturday Visiter* gli assegna un premio per il racconto *Manoscritto trovato in una bottiglia*. Questa onorificenza gli fa conoscere Thomas W. White, direttore del *Southern Literary Messenger* di Richmond, che gli offre un lavoro come assistente apprendista redattore nel periodico. Dietro la scrivania Edgar dura il tempo dell'ultima fetta di pizza calda durante un aperitivo alcolico, e infatti viene licenziato per essere stato sorpreso ubriaco marcio dal suo capo.

Ritorna quindi a Baltimora dove sposa segretamente la cugina Virginia; all'epoca lui ha ventisei anni e lei tredici. La giovane coppia, insieme alla madre di lei, si trasferisce a Richmond dove White, impietosito, lo riassume. Poe lavora al *Messenger* fino al 1835, dimostrando un grande talento da redattore e triplicando le copie vendute dalla rivista in un anno. Tra il 1837 e il 1840 pubblica alcune delle sue opere più famose, tra le quali *Storia di Arthur Gordon Pym*, una pietra angolare della letteratura horror, e *I racconti del grottesco e dell'arabesco*: entrambi libri perfetti da leggere al tuo bambino prima della nanna, per regalargli una notte di insonnia, isteria e conseguente TSO.

In questo periodo Poe inizia a costruirsi la fama di critico spietato. Ha una cattiva parola per tutti, pure per se stesso se considerate che faceva recensioni al vetriolo anche sulle opere di cui era coautore. Naturalmente questo atteggiamento gli attira l'antipatia di molti intellettuali dell'epoca.

Nel 1841 pubblica *I delitti della Rue Morgue*, considerato il primo poliziesco della storia della letteratura, mentre al 1843 risalgono *Lo Scarabeo d'oro* e *Il gatto nero*. All'inizio del 1845 il suo lavoro *Il Corvo e altre poesie* viene pubblicato sull'*Evening Mirror*: l'opera rende Poe immediatamente celebre ma la pubblicazione gli frutta solo nove dollari. I suoi temi ricorrenti sono la morte, la decomposizione, la sepoltura prematura, e tutto un corollario di argomenti leggeri e ideali per conquistare gli avventori di un brunch domenicale. In verità Poe fu anche l'iniziatore del genere fantascientifico e il suo grande interesse per la crittografia ispirerà i grandi autori del giallo moderno.

Intanto, nel gennaio del 1842 la moglie Virginia inizia ad accusare i primi segni della tubercolosi: mentre suona e canta al pianoforte, un grosso vaso sanguigno le si rompe in gola, regalandoci una scena degna di Linda Blair nell'*Esorcista*. A causa della malattia del suo grande amore, Edgar si attacca ancor più tenacemente alla bottiglia. Virginia muore nel gennaio 1847, unendosi alla nutrita schiera di donne alle quali Poe aveva dovuto dire addio. A causa dell'estrema povertà, Poe è costretto a utilizzare le lenzuola portate in dote da Virginia come sudario per il suo corpo morto. Dateci un attimo che andiamo a prendere il phon per asciugare la tastiera dalle nostre lacrime.

Questo ennesimo lutto devasta completamente Edgar, che ormai è dipendente dall'alcol. È in questi ultimi anni che il poeta inizia a fare pesante uso di oppio. Sono del tutto false quindi le ricostruzioni che lo dipingono da sempre tossicodipendente: Poe fece uso di droghe solo negli ultimi e oscuri anni della sua vita.

Il 3 ottobre 1849 Edgar viene trovato mentre vaga per

le strade di Baltimora, con addosso vestiti non suoi. Non recupererà mai la lucidità necessaria per spiegare il motivo della sua presenza in città e delle sue pietose condizioni. Morirà in un letto d'ospedale quattro giorni dopo. Secondo il nosocomio di Baltimora lo scrittore era deceduto per *delirium tremens,* un grave stato confusionale dovuto all'astinenza dall'alcol.

Questa posizione non convince affatto una parte dei suoi biografi, i quali sostengono che Poe avrebbe smesso di bere mesi prima, essendo peraltro in procinto di risposarsi. Secondo altri pare che Poe sia stato rapito e fatto ubriacare da un gruppo di balordi al fine di costringerlo a votare un certo partito, una pratica molto utilizzata nel XIX secolo e chiamata *cooping* (la stessa di cui furono vittima gli elettori di Berlusconi qualche tempo fa). Perizie più moderne sostengono che quasi sicuramente Poe morì a causa della rabbia che pare avesse preso inconsapevolmente da un animale domestico, e questa teoria si presta bene a spiegare l'idrofobia che lo scrittore accusava sul letto di morte. In parole povere, la morte di Poe resta sostanzialmente un mistero sul quale solo Jessica Fletcher può fare chiarezza.

Edgar Allan Poe è stato una persona infelice per buona parte della sua vita, e senza dubbio nella sua storia c'è qualcosa di oscuro. La moglie Virginia in alcune lettere ci racconta come la zia Clemm facesse spesso riferimento a un'oscura maledizione di famiglia, e di maledizione dura a morire si può parlare davvero, considerando quanto poco il suo genio letterario fu apprezzato in patria, complici una serie di maldicenze che altri scrittori e critici diffusero su di lui dopo la morte. Al contrario, in Europa Poe conobbe una sorte ben diversa: venerato da Baudelaire, che lo introdusse in Francia traducendone le opere, colpì anche l'immaginazione di Édouard Manet, che illustrò la raccolta poetica *Il Corvo*. Il suo lavoro ha ispirato e creato generi e se ne possono trovare echi ovunque, da Arthur Conan Doyle a Tolkien, fino a Tim Burton.

CURIOSITÀ

Per ben sessant'anni, dal 1949 al 2009, nel giorno dell'anniversario della nascita di Poe, un uomo incappucciato e vestito completamente di nero è stato visto recarsi sulla tomba del poeta per lasciarvi mezza bottiglia di cognac e tre rose rosse. Sulla lapide sono stati rinvenuti anche alcuni biglietti nei quali l'ammiratore sembra parlare direttamente con lo spettro di Edgar. Uno dei messaggi più criptici recita testualmente: «La torcia sarà passata». L'identità dell'uomo – o degli uomini! – è avvolta ancora oggi nel mistero. Già, perché secondo alcuni testimoni, l'incappucciato misterioso – o «*Poe Toaster*», come è stato ribattezzato dai media – negli anni è cambiato: in passato era stato avvistato un uomo lento e zoppicante, presumibilmente anziano; in seguito i testimoni hanno detto di aver visto un uomo decisamente più giovane, e finanche una donna. Questo particolare ci suggerisce l'esistenza di una società segreta, i cui membri di anno in anno si passano il testimone per omaggiare la memoria del poeta dell'orrore.

Mary Shelley

Scrittrice di larghe vedute sposa scrittore
di larghe vedute e scopre che era meglio
mettersi con quel metalmeccanico di Voghera
con la terza elementare.

Sul Devoto-Oli, dizionario dei sinonimi e contrari, alla voce sfiga si può leggere:

sfiga s.f. ≈ **1.** Avversità, cattiva stella, (fam.) iella, malasorte, (pop.) scalogna. **2.** Mary Shelley.

C'è, fidatevi, è lì. Siete anche legittimati a utilizzare il termine nel parlato quotidiano. Tipo, che ne so: «Sono uscito di casa senza ombrello ed è iniziato a piovere, che Mary Shelley!», oppure: «La fortuna è cieca ma la Mary Shelley ci vede benissimo!»

Dopo questa iperbole, passiamo alla nostra storia.

Mary Shelley nasce a Somers Town, Londra, il 30 agosto 1797. Il destino, per farle capire subito chi è che comanda, la priva della madre dodici giorni dopo la sua nascita a causa di una setticemia. Il sangue di una ribelle scorre prepotente nella piccolina; sua madre era infatti Mary Wollstonecraft, una pioniera delle lotte per i diritti delle donne, al tempo considerate naturalmente inferiori agli uomini per intelligenza. Con la sua opera più celebre, *Sui diritti delle donne*, Wollstonecraft rivendica la parità di diritti tra uomo e donna e uguali possibilità di ricevere un'educazione adeguata, tutte cose che oggi ci sembrano scontate ma che allora erano avanguardia pura. E poi, aggiungiamo noi, a proposito di intelligenza, è acclarato che le donne siano multitasking, essendo capaci di svolgere simultaneamente tredici operazioni diverse nel tempo in cui in media un uomo riesce a capire come si apre un ombrello.

Wollstonecraft ebbe una vita spericolata e una grande quantità di amanti, almeno fino al suo matrimonio con William Godwin, filosofo precursore del pensiero anarchico. Con due genitori così, la vita proprio serenamente non te la vivi. Con un padre anarchico e una madre femminista la rivoluzione a colazione è quotatissima.

Morta la moglie e rimasto solo con Mary e Fanny, la figlia avuta dalla Wollstonecraft con l'avventuriero Gilbert Imlay, William si rimette subito sul mercato cercando una nuova papabile compagna. Dopo aver preso più pali in due anni che Leopardi in una vita intera, non gli resta come unica soluzione che quella di sposare la vicina di casa, Mary

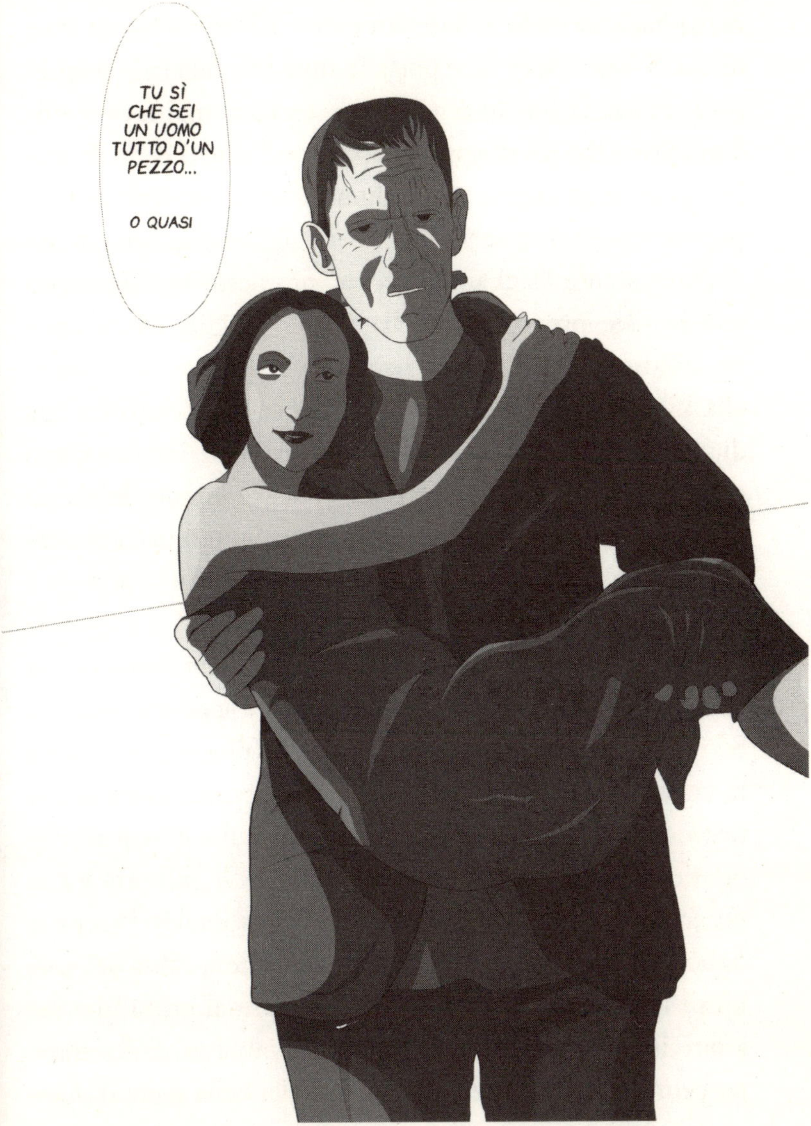
TU SÌ CHE SEI UN UOMO TUTTO D'UN PEZZO...
O QUASI

Jane Clairmont. Quest'ultima rende onore al suo titolo di matrigna riuscendo a stare antipatica a tutti come un candito a Natale. Mary Jane porta in dote ben due figli avuti in precedenza da due uomini diversi e per i quali faceva evidenti favoritismi a discapito di Mary e Fanny. I difficili rapporti con la matrigna porteranno Mary a una serie di crisi nervose che le provocheranno un irrigidimento del braccio.

Nonostante William si sia sempre detto in disaccordo con le idee progressiste della prima moglie, Mary riceve un'educazione di tutto rispetto per l'epoca: ha accesso alla biblioteca del padre, frequenta per sei mesi il college di Ramsgate dove dimostra un'inesauribile fame di sapere, ed è seguita da un tutor privato. William intanto inizia ad accumulare debiti, notevolmente incrementati dalla fondazione di una casa editrice di scarso successo che lo porterà a collezionare una preoccupante lista di creditori.

Per cercare di distendere il clima familiare, teso come i bottoni della camicia di Adinolfi, il padre spedisce Mary in Scozia, a casa del pensatore radicale William Baxter. Qui la ragazza vive sette mesi di assoluta serenità, immersa in tutto ciò che la Scozia può offrirle: il nulla e acquazzoni ogni due ore. Il 30 marzo 1814 torna in Inghilterra e conosce il nuovo allievo di suo padre: Percy Shelley. Percy è il figlio di una ricca famiglia aristocratica che, a causa dei suoi ideali radicali, lo ha buttato fuori di casa al grido di «Vai a fare il comunista coi soldi tuoi!» Non passa molto tempo prima che il ragazzo si accorga della bella figlia di Godwin. I due iniziano a vedersi segretamente nel posto più romantico che conoscono: la tomba della madre di Mary, per una tranquilla cena a lume di lumino. Il motivo di tutto questo nascondersi è dovuto a un particolare davvero insignificante: Shelley è già sposato con Harriet Westbrook. Tuttavia, alla domanda: «Ma tu una moglie non l'hai già?», Percy, maestro dei paraculi, risponde: «Il matrimonio è un costrutto sociale oppressivo»; ricordatevelo per le vostre future attività fedifraghe. I due innamorati cercano la benedizione del padre di lei, che però non arriva, Godwin è infatti fermo nel preservare il buon nome della figlia. Così, trovandosi alle strette, i due fidanzatini clandestini decidono di scappare portando con loro la sorellastra di Mary, Claire Clairmont. I tre fanno una prima tappa a Calais, da dove attraversano la Francia a dorso di mulo per poi giungere in Svizzera, fino a Lucerna, e lì si rendono conto di non avere più denari. Impossibilitati a proseguire il loro interrail di nullafacenza, tornano in Inghilterra. In patria Mary e Percy scoprono di essere incinti, lei di lui, e lui della moglie legittima. Evidentemente l'ultimo abbraccio con Harriet prima di scappare con Mary era stato particolarmente... stretto. A questo punto Percy, vecchia volpe, figlio dei fiori ante-litteram, si giustifica dichiarando di professare l'amore libero e invita Mary a fare altrettanto, spingendola addirittura tra le braccia dell'amico Hogg. Come spesso accade in qualunque coppia aperta, uno dei due va e *viene* (soprattutto) a piacimento, e l'altro resta a casa a cambiare le lenzuola e a rodersi il fegato. In questo caso l'altro è Mary, non che la relazione con Hogg le dispiacesse. Più che altro lo considera un amico e un consigliere, tutto il suo amore è rivolto a Percy. Quest'ultimo nel frattempo è letteralmente inseguito dai creditori come un tramezzino al salmone sulla tavola del buffet. Il padre di Mary, d'altronde, si rifiuta di dare loro qualsiasi aiuto economico, sebbene in passato non abbia esitato ad accettare soldi da Percy.

Ogni mattina Mary si sveglia e sa che deve correre più veloce dei creditori di suo marito. È in questa situazione altamente movimentata che la scrittrice, dopo aver partorito una bimba prematura, assiste alla morte della sua primogenita in seguito a un violento attacco di convulsioni. La donna piomba in una depressione profonda come la fossa delle Marianne che la immobilizzerà nel letto per mesi interi. Non mangia, dorme poco e quando ci riesce è tormentata da incubi ricorrenti nei quali compare la figlia appena deceduta.

Verso l'estate riesce finalmente a riprendersi e le cose sembrano andare meglio anche dal punto di vista finanziario: il nonno di Percy muore e lascia al nipote una cospicua eredità. Aiutati dalla sorte, i due amanti avranno imparato a gestire meglio i propri fondi? Sembra il titolo del nuovo programma di Real Time, *Amore, ho dilapidato l'eredità*. Dopo una piccola e meritata vacanza, i due decidono di affittare una villa a due piani nel quartiere londinese di Bishopsgate. Qui Percy scrive il poema *Alastor* mentre Mary dà alla luce il piccolo William. A maggio del 1816 Percy, Mary e la sorellastra Claire, che da quando erano scappati li aveva sempre seguiti come una micosi in una doccia pubblica, partono per Ginevra per incontrare Lord Byron. Dovete sapere che Claire, dopo i non pochi guai passati a causa di Percy, aveva deciso che i poeti erano un'ottima categoria di uomini con cui maritarsi. Così, in un turbinio di masochismo che non si vedeva dai primi provini del *Grande Fratello*, la ragazza era rimasta incinta del poeta più maledetto dell'Ottocento inglese in seguito a una breve frequentazione.

A Ginevra i tre sono ospiti della villa di Byron, dove passano le loro giornate tra letture, discussioni e bevute così copiose da suscitare l'invidia dell'olimpico Bacco. Quell'anno l'estate è incredibilmente piovosa e così il piccolo gruppo, onde evitare di crepare di cirrosi epatica prima dell'inizio di settembre, si inventa un gioco di chiara ispirazione boccaccesca: tutti avrebbero dovuto scrivere un racconto di paura e quello che si sarebbe avvicinato di più al gelo di un «dobbiamo parlare» detto a bruciapelo a mezzanotte meno cinque avrebbe vinto. Ma anche col trucco, ripensandoci, andava bene lo stesso. È durante questo contest che Mary abbozza il romanzo che la consegnerà alla storia: *Frankenstein*.

Tornati a Londra, Mary e Percy devono affrontare due suicidi: il primo è quello della sorellastra di Mary, Fanny, il secondo è quello della prima moglie di Percy, Harriet, che mai aveva superato l'abbandono del marito. La donna si annega nel laghetto di Hyde Park, secondo la moda suicida di quegli anni. Vani sono i tentativi di Percy di ricevere l'affidamento dei suoi due figli. Ma se c'è qualcosa che ci hanno insegnato 1290 puntate del tenente Colombo è che la vita va sempre avanti, spesso come se niente fosse successo.

Nel 1816, Percy e Mary si sposano e l'anno successivo danno alla luce la loro secondogenita, Clara. In questi anni Mary lavora senza sosta al completamento di *Frankenstein*, che viene pubblicato nel 1818. È un'opera così incisiva per la letteratura moderna che oggi viene considerata da alcuni il primo esempio di letteratura fantascientifica. La storia la conoscono tutti quelli che hanno imparato a leggere in età scolare, quindi non moltissimi, forse conviene dire due parole in merito.

Frankenstein narra le vicende di uno scienziato che, mettendo insieme diverse parti di corpi trafugati, dà origine a una creatura a cui riuscirà a infondere la vita. L'uomo si sostituisce quindi a Dio, da cui il titolo per esteso dell'opera, *Frankenstein, ovvero il moderno Prometeo*. Si deve dire che all'epoca il galvanismo, ovvero la contrazione di un muscolo stimolato da una scarica elettrica, andava molto di moda. Per le strade di Londra si poteva assistere a veri e propri spettacoli ambulanti, durante i quali venivano sottoposte all'elettroshock le più svariate specie di animali morti stecchiti. In genere le candidate ideali erano le rane che, con grande stupore del pubblico, attraversate dalle scariche si muovevano dando l'illusione di tornare dalla morte. Così iniziò un periodo in cui si provava a far tornare in vita a colpi di scosse tutto ciò che era morto: una rana, una mucca, un umano, un Partito Democratico. Ovviamente senza successo.

Su inderogabile richiesta dell'editore – che non fa salti di gioia all'idea di pubblicare l'opera d'ingegno di una donna, essere che ne era ritenuto notoriamente privo – il libro esce come opera di autore anonimo e con acclusa una piccola introduzione di Percy Shelley, tanto che, fino a quando Mary non farà coming out, in molti lo ritennero l'autore di *Frankenstein*. L'opera viene demolita dalla critica ma, come la storia insegna, ciò che viene stroncato da chi, teoricamente, dovrebbe capirne qualcosa, ha maggiore probabilità di rivelarsi un grande successo. E infatti *Frankenstein* si trasforma fin dal primo momento in un best seller. Quando nella seconda edizione Mary Shelley si rivela in quanto autrice, alcuni commentarono scrivendo: «per un uomo era eccellente, ma per una donna è straordinario». Diciamo che come complimento non è proprio il massimo, ma apprezziamo lo sforzo. Mary all'epoca ha appena ventun anni.

Dopo il parto di Claire, il trio con la rispettiva progenie parte in direzione di Venezia per portare la creaturina dal suo Genitore 1, Lord Byron. Mary e Percy si danno alla pazza gioia per le più belle città italiane che, evidentemente, non spiccavano per le condizioni igienico-sanitarie. Dopotutto, a oltre duecento anni di distanza, l'ASL è ancora latitante. In questo periodo Percy e Mary perdono tragicamente entrambi i figli. Clara muore di dissenteria a Venezia, William di malaria a Roma. Mary ripiomba nella depressione più cupa, dalla quale sembra riprendersi un poco soltanto dopo la nascita di Percy Florence, nel novembre del 1819. Il soggiorno italiano è comunque di ispirazione per Mary che nel Bel Paese scrive il romanzo di matrice autobiografica *Matilda* e il romanzo storico *Valperga*. A questo punto Percy tira fuori dal nulla una nuova neonata come fosse un vassoio di sfogliatelle, insistendo per volerla adottare. Attorno alla piccola nuova venuta si leva un mistero: per alcuni è figlia di Percy e Claire, per altri di Byron, per altri ancora il frutto di una delle scappatelle di Percy. Certo è che Elena Adelaide Shelley, così viene chiamata, non è figlia di Mary. Come ogni bambino che passa dalle mani dei coniugi Shelley, anche Elena ha vita breve, muore infatti a Napoli nel 1820. C'è da capire se questi due portassero sfiga o se fossero semplicemente l'incarnazione della più terribile delle piaghe d'Egitto.

Nel 1822 Mary è nuovamente incinta e, insieme ad alcuni amici tra cui la coppia dei coniugi Williams, lei e il marito si trasferiscono presso Villa Magni a San Terenzo, nel golfo ligure di Lerici. Qui li raggiunge un'altra triste notizia: la figlia di Claire e Lord Byron, Allegra, è morta di tifo nel Convento di Bagnacavallo. In seguito a questo avvenimento Mary, di nuovo alle prese con la depressione, subisce un aborto spontaneo. Percy, invece di stare vicino alla moglie, si dedica al corteggiamento di Jane Williams, alla quale scrive chilometri di poesie. Mary allora se ne allontana, comprensibilmente stanca di stare in una coppia in cui di aperto ormai c'erano solo le gambe delle amanti di lui. A una certa, Shelley decide di partire in barca insieme a Edward Williams, marito della sua spasimata Jane, ma l'imbarcazione fa naufragio e i corpi dei due uomini vengono ritrovati privi di vita sulla spiaggia di Viareggio.

Distrutta dai continui lutti, Mary trascorre un anno a Genova prima di tornare in Inghilterra. Qui il suocero acconsente a darle una mano per crescere il nipote, a patto che Mary non lasci più l'Inghilterra e che smetta di scrivere. La donna si dedica alla revisione delle poesie del marito, probabilmente preda del senso di colpa per aver trattato male Percy negli ultimi giorni della sua vita. I suoi unici due pensieri sono scrivere e proteggere l'unico figlio che le è rimasto. A partire dal 1839 le sue condizioni di salute peggiorano: le emicranie la tormentano e viene colpita da una serie di ictus che le impediscono di leggere e scrivere. I creditori continuano a inseguirla fino al '44, anno in cui Timothy, il padre di Percy, tira finalmente le cuoia a novant'anni suonati, smollando l'eredità all'unico nipote. Finalmente un sospiro di sollievo!

Nel frattempo, dal '42 al '44 Mary e il figlio viaggiano insieme per l'Europa e da questa esperienza nasce l'opera *A zonzo per la Germania e per l'Italia*. Mary Shelley muore il 1° febbraio 1851 a Londra, probabilmente per un tumore al cervello. Aveva cinquantaquattro anni.

CURIOSITÀ

Un aneddoto a metà tra il romantico e l'inquietante è quello che riguarda gli eventi successivi alla morte di Percy Shelley. Dopo il naufragio, secondo il suo volere e destando scandalo tra la popolazione locale, il corpo dello scrittore venne dato alle fiamme per la cremazione. Pare però che il suo cuore tardasse a ridursi in cenere come il resto delle sue spoglie, tant'è che un amico della coppia, tale Trelawny, lo trasse a sé dalla pira e lo consegnò a Mary in una scatola di legno.
Un anno dopo la morte di Mary, quel cuore semicarbonizzato venne ritrovato in un cassetto della sua scrivania, avvolto in un fazzoletto di seta insieme alle ciocche dei capelli dei suoi figli precocemente morti. Che Mary avesse intenzione di replicare l'audacia del dottor Frankenstein?

Nikola Tesla

Inventore serbo leggermente fulminato cambia
il futuro energetico del mondo e finisce in miseria
a dividere l'affitto con un piccione.

Chi era Nikola Tesla? Uno stramaledetto genio, altrimenti come lo chiamereste uno che ha ottenuto ben 280 brevetti in 26 Paesi del mondo? E vi dirò, ci è andata anche male che sia morto alla tenera età di 86 anni, perché era lì lì per inventare anche la chiavetta usb che entra al primo colpo e il paramignolino antispigolo al titanio rinforzato. Il fatto che a distanza di 76 anni dalla sua scomparsa l'umanità sia ancora orba di tali invenzioni non fa altro che testimoniare l'unicità di questo grande *sfigato* della storia.

Nikola nasce il 10 luglio 1856 a Smiljan, vicino a Gospić, nell'odierna Croazia. Da piccino era spesso malato, pare infatti che gli apparissero dei lampi di luce accecante unitamente a suoni e parole indistinte: una forma di sinestesia. O forse era solo sua madre che, come tutte le madri che si rispettino, entrava in camera di Nikolino e, sollevando le tapparelle con la delicatezza di un panzer tedesco, lo accecava.

Tesla inizia a studiare ingegneria elettrica al Politecnico di Graz, in Austria, dove consegue la laurea. Nonostante già in quegli anni fosse una promessa della fisica, era il suo fisico a non promettere proprio bene: pensate che era alto un metro e 88 per 64 chili di peso. Praticamente era così magro che un giorno uscendo dalla doccia scivolò e finì imprigionato nell'interstizio tra le piastrelle del bagno, da dove fu liberato grazie all'aiuto di una pertica.

Nel 1881 si sposta a Budapest per lavorare a una sciocchezzuola come il primo sistema telefonico ungherese. Dopo un esaurimento nervoso di routine, arriva a Parigi nel 1882 e qui viene assunto come progettista alla Continental Edison Company. In quegli anni concepisce il primo motore ad induzione di corrente alternata.

Nel 1884 prende una nave per l'America. Durante il viaggio viene derubato di soldi e bagagli, per di più a bordo scoppia un ammutinamento e per poco non viene gettato in mare. Per non farsi mancare nulla, sulla rotta la ciurma incontra Maurizio Martina del Pd a bordo della nave di una ong e il kraken incazzato nero che prepara dei mojito con brandelli di esseri umani e pezzi di iceberg.

In ogni caso il giovane Tesla sbarca finalmente a New York con pochi centesimi in tasca e con una camicia dalle maniche corte a fantasia di fenicotteri che attira gli sguardi

E MENO MALE CHE L'HO QUASI INVENTATA IO
ISTRUZIONI LAVATRICE

di sdegno della popolazione locale (giustamente). Il giorno dopo si fa ricevere da Edison al quale illustra le sue idee sulla corrente alternata. Secondo Tesla, la distribuzione di corrente alternata avrebbe implicato costi minori, soprattutto sulle lunghe distanze, rispetto alla produzione e distribuzione di corrente continua. Quest'ultima infatti, attraversando per intero il conduttore è soggetta a generare calore e quindi alla dispersione di energia. Per Tesla la corrente alternata sarebbe immune da questo fenomeno. Edison, che in realtà era un imprenditore fetente più che uno scienziato, intuisce che l'idea di Nikola poteva essere vincente e gli offre un lavoro, promettendogli una ricompensa di cinquantamila dollari se fosse riuscito a migliorare le prestazioni della sua dinamo a corrente continua. Dopo un anno di duro lavoro Tesla riesce nell'impresa, ma Edison gli nega il pagamento del premio con questa scusa: «Lei non capisce il nostro senso dell'umorismo americano». Probabilmente lo stesso per il quale continuano a chiamare le bombe «portatrici di democrazia».

Davanti a tale risposta Tesla avrebbe voluto sderenarlo, ma sapeva bene che il suo fisico da sollevatore di bobine non glielo avrebbe permesso, quindi si licenzia meditando segretamente di fulminare Edison staccandogli i fili del citofono. Solo e senza un soldo, Tesla è costretto a lavorare come scavatore di fossi per due dollari al giorno, una miseria che comunque non gli consente di fare richiesta per il reddito di cittadinanza.

Nel 1888 Nikola, grazie al supporto economico di George Westinghouse, perfeziona il suo motore per la trasmissione di corrente alternata. Il contratto firmato tra i due prevedeva che Westinghouse pagasse a Tesla due dollari e mezzo per ogni cavallo vapore venduto dall'«elettricità di Tesla». Inizia così la prima grande guerra mediatica della storia: la «Guerra delle Correnti», la stessa che oggi si scatena quando due cellulari sono all'1% e c'è una sola presa elettrica, ma in grande. Uno scontro epocale si profilava all'orizzonte: Tesla contro Edison.

Si deve sapere che Edison era veramente una persona senza scrupoli: da piccolo era stato un bambino così cattivo che, invece della lettera, a Babbo Natale inviava una diffida con l'ufficiale giudiziario. Fece di tutto per screditare sia Tesla sia la sua corrente alternata, servendosi di una campagna diffamatoria davvero crudele. Nel 1890 Edison si offrì di costruire una speciale sedia elettrica che andasse a corrente alternata. La sedia servì per giustiziare l'assassino William Kemmler, che morì tra atroci sofferenze dopo una lunga agonia. Ma non si fermò qui, pagò anche dei volontari perché catturassero dei cani e dei gatti randagi, che poi folgorava vivi durante delle esibizioni maleficamente architettate, alla fine delle quali chiedeva al pubblico: «È questa l'invenzione che le nostre amate donne dovrebbero usare per cucinare?» Progressista come la redazione di *Libero*, questo Edison! Nel gennaio del 1903, ormai deciso a diventare il cattivo di un cartone Disney, decide di farla grossa offrendosi di fulminare la mamma di Dumbo. Avete capito bene. Edison, primo del suo nome, sterminatore di randagi, protettore delle speculazioni energetiche e Signore del grande mare di doppie prese, organizzò un'ennesima esibizione per folgorare pubblicamente l'elefante di un circo condannato a morte perché considerato «troppo turbolento». Il corpo dell'animale venne attraversato da una scarica di 6.600 volt.

Alla lunga questi esperimenti manipolati da Edison finirono per screditare realmente il lavoro di Tesla che, per mettere fine alla questione, si fece attraversare da una scarica di corrente alternata. Una soluzione del tutto adeguata e comprensibile.

«Se la mia corrente elettrica uccide, allora merito io per primo di esserne vittima.» Queste furono le parole che lo scienziato pronunciò prima di fulminarsi in pieno stile Tempesta degli X-Men.

Nikola uscì illeso dall'esperimento e da quel momento la corrente alternata iniziò a diffondersi in tutto il Paese. Il 1893 è l'anno che incorona Tesla come vincitore della Guerra delle Correnti: Westinghouse si aggiudica l'appalto per le cascate del Niagara. Nell'autunno di due anni dopo viene inaugurato il primo grande generatore delle Niagara Falls: la prima centrale idroelettrica di grande potenza al mondo. Ed Edison mutissimo.

La Guerra delle Correnti però aveva mandato quasi in bancarotta Westinghouse, che peraltro, a questo punto, doveva fior di quattrini a Tesla per l'uso dei suoi brevetti.

Quindi Nikola, esattamente come avrebbe fatto qualsiasi uomo su questa terra, decide di strappare il contratto che l'avrebbe reso il primo miliardario in dollari del mondo. Nikola, io e te dobbiamo parlare.

Oggi tutto ciò che è elettrico, dal phon agli impianti industriali, deve il suo funzionamento a Nikola Tesla. Vien da chiedersi perché Edison sia tutt'oggi considerato il padre-padrone dell'energia elettrica, mentre i giovani conoscono il nome di Tesla solo per il titolo di una canzone di Capo Plaza. Il motivo risiede nel fatto che Edison era ricco da far schifo, e quando si accorse che la corrente alternata era la scelta alla quale il mondo si era affidato, comprò la quasi totalità degli impianti del Nord America.

Dopo la Guerra delle Correnti, il genio di Tesla continuò a reinvestire i suoi soldi in altre invenzioni: nel 1898 diede pubblica dimostrazione di una barca radiocomandata che funzionava secondo i principi della sua *Art of Teleautomatics*: ci troviamo davanti a una forma primitiva di robotica.

Le sue idee futuristiche, unitamente a una personalità quantomeno «particolare», gli diedero col tempo la fama di scienziato pazzo. Soffriva di insonnia e per gran parte della sua vita lavorò fino a ventidue ore al giorno, spesso nella solitudine più totale. Pare inoltre che fosse ossessionato dal numero tre: il numero della sua camera d'albergo, ad esempio, doveva necessariamente essere un multiplo di tre, lo stesso valeva per i numeri degli asciugamani e delle salviette.

Tesla era dichiaratamente germofobico e quindi anche ossessionato dall'igiene personale; il che al tempo era sicuramente considerato bizzarro, soprattutto se considerate che parliamo di un periodo storico in cui la gente considerava normale andare in giro con la testa popolata da pidocchi grossi come chihuahua. Pensate che, similmente all'area cani, in alcune città di fine Ottocento venne istituita l'area pidocchi, così che ognuno potesse lasciar liberi di giocare i propri parassiti.

Tornando seri, Tesla fu a lungo ostracizzato dalla scienza ufficiale e dalla politica del suo tempo, tanto che negli ultimi anni l'idea che il governo volesse rubare i suoi progetti cominciò a turbarlo. Verso la fine smise quasi del tutto di scrivere appunti sulle proprie ricerche: le sue invenzioni nascevano nella sua testa e venivano condivise con i collaboratori nel massimo riserbo.

Ma il progetto più ambizioso di Tesla rimaneva quello di un'energia libera e gratuita, che arrivasse a tutti a qualsiasi distanza. Nei suoi progetti ricorre spesso il tema del trasporto di energia senza fili a lunga distanza. Nel 1891 Nikola ultima la costruzione di una speciale invenzione che sarà fondamentale per perseguire il suo progetto: la bobina di Tesla. Quest'ultima funziona come una pompa che è in grado di elevare la potenza di una presa di 120 volt a 500.000 volt. Usando una gigantesca bobina Tesla riteneva di poter pompare e riempire di energia l'atmosfera terrestre. In questa sua visione l'intero pianeta Terra avrebbe funzionato come una gigantesca presa, in grado di portare l'energia gratuitamente e su lunghe distanze a chiunque. Nessuna sorpresa che un'idea del genere potesse spaventare molto i grandi magnati dell'energia.

Per sviluppare il suo progetto di trasmissione senza fili, Tesla si trasferisce a Colorado Springs, dove, tra le altre cose, si mette a fabbricare fulmini in stile Zeus sulla sua nuvola. Nel suo laboratorio di Colorado Spring, Tesla iniziò a registrare anche presunti segnali extraterrestri, cosa che lo fece sembrare ancora più fuori di testa agli occhi della comunità scientifica. Nel gennaio del 1900 lascia Colorado Springs; il laboratorio venne raso al suolo e le apparecchiature vendute per pagare i debiti, tra i quali una bolletta dell'Enel a venti zeri. A questo punto, finanziato da J.P. Morgan, si trasferisce a Long Island e qui il suo progetto più ambizioso inizia a prendere corpo: Wardenclyffe Tower, una gigantesca torre che avrebbe trasmesso wireless non solo energia, ma anche dati e immagini. Purtroppo la costruzione di Wardenclyffe non fu mai completata per mancanza di fondi. Non sapremo mai se il suo progetto di elettrificazione del Mondo fosse realmente fattibile. Su questo punto le opinioni degli addetti ai lavori sono molto discordanti.

Come tutti i geni degni di questo nome, con il passare degli anni Tesla iniziò a partorire idee a dir poco inquietanti. Soprattutto perché di solito quando aveva un'intuizione la realizzava con grande successo. Per esempio a un certo punto della sua vita – e qui entriamo quasi nella fantascienza – Tesla iniziò a studiare i movimenti tellurici che causano i terremoti. Secondo alcuni, Nikola era riuscito a imbrigliare questa forza in un oscillatore. Il buon Tesla decise di testare il suo nuovo giocattolo in un appartamento di Manhattan. Come andò a finire? Per poco non fece crollare l'intero quartiere. Le forze dell'ordine lo sorpresero con un grosso martello mentre tentava di distruggere la sua creazione.

Dopo essere stato colto con le mani nell'oscillatore, nei primi anni Trenta Tesla progetta anche un raggio distruttore: l'idea era quella di utilizzare la sua gigantesca bobina per emettere un raggio di gas ad alta carica che avrebbe potuto polverizzare gli aerei nemici a una distanza di quattrocento chilometri. Il nome che diede alla sua invenzione era *Deathbeam*, raggio della morte – l'umiltà prima di tutto. A questo punto coloro che già lo credevano fuori come il culo di un babbuino si convinsero che Nikola Tesla si era bevuto il cervello e che, per questo, non avesse più alcuna credibilità.

Morì solo nella stanza 3327 del New York Hotel, dove aveva trascorso gli ultimi dieci anni nell'indigenza e nel discredito, dimenticato dal mondo che aveva contribuito a costruire e che ancora oggi gli deve tanto.

La sua vicenda, è proprio il caso di dirlo, è la storia di un «fulminato» con capacità straordinarie, ma soprattutto con una grande visione: un progresso libero dal potere, una scienza che lavora a beneficio dell'umanità e non solo del mero profitto.

CURIOSITÀ

Situazione sentimentale: #CHEMMEFREGA
Eh già, Tesla si dichiarava apertamente asessuale e sosteneva che la castità era molto utile alle sue doti scientifiche. Probabilmente, avendo provato il colpo di fulmine nel senso letterale del termine, non aveva alcuna voglia di abbandonarsi a quello amoroso.
In compenso numerosi aneddoti sul suo conto ci dicono della passione di Tesla per i piccioni: ordinava per loro degli speciali semi con i quali nutriva questi volatili a Central Park e pare che avesse tirato su un piccolo ospedale per piccioni nella sua stanza d'albergo. Questa è la prova definitiva che Tesla era sicuramente un alieno: nessun essere umano può provare affetto per quei pennuti generatori di liquami.
E a proposito di extraterrestri, chiudiamo con una piccola chicca riguardante l'ineffabile Björk. Nel suo pezzo *Thunderbolt* la cantante islandese ha utilizzato una bobina di Tesla come strumento musicale.
Ve ne consigliamo l'ascolto su YouTube, elettrizzante!

Alan Turing

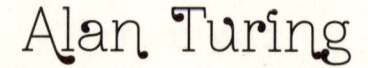

Un bizzarro matematico salva le chiappe
alla sua nazione durante la seconda guerra mondiale
e quest'ultima, qualche anno dopo,
in segno di gratitudine lo bullizza fino al suicidio.

In quattro parole, oggi, potremmo definire Alan Turing «padre della computer science», insomma l'ideatore della tecnologia che sta dando forma al nostro presente. Ma la verità è che mentre era in vita nessuno si è mai sognato di riconoscere a Turing nemmeno la paternità di quel terno secco sulla ruota di Roma durante la tombolata del 1927, men che meno di uno dei campi dello scibile umano più cruciali per il nostro futuro. E ti pareva, direte voi.

Alan nasce il 23 giugno 1912 a Londra. Suo padre, Julius Mathison Turing, è un alto funzionario dell'Indian Civil Service britannico e presta servizio nel distretto di Madras, dove lui e sua moglie Ethel Sara Stoney si sono conosciuti e innamorati. E dove vivono. Tuttavia la coppia

QUAL È LA RISPOSTA ALLA DOMANDA FONDAMENTALE SULLA VITA, L'UNIVERSO E TUTTO QUANTO?

vuole più di ogni altra cosa che i propri figli crescano in Inghilterra e ricevano una formazione da veri gentleman, così Alan e il fratello più grande John, entrambi ancora in tenera età, vengono affidati alle cure non proprio amorevoli della famiglia del colonnello Ward, gentiluomo di campagna ritiratosi a Baston Lodge, una dimora vittoriana dalle parti di Hastings.

Nei primissimi anni di vita Alan è un bambino allegro e vivace come tanti: gioca con i Lego, mangia la terra, smoccola e frigna, insomma, mina il sistema nervoso dei suoi precettori fungendo da monito vivente all'uso degli anticoncezionali. Fin qui tutto normale. La madre si degna ogni tanto di fare qualche viaggio in Inghilterra per capire se la sua progenie è ancora viva, e col tempo si accorge che quel bambino spensierato sta diventando sempre più chiuso e riflessivo.

Quando ha cinque anni dà i primi segni di straordinarietà, impara a leggere da autodidatta e inizia a porsi quesiti insoliti per quell'età, come calcolare la larghezza dell'Inghilterra e la reale composizione del toupet di Berlusconi. Nel 1918 viene iscritto alla St. Michael Primary School e, grazie a una naturale propensione alla logica, riesce a risolvere problemi matematici sui quali allievi molto più grandi si strappano i capelli. Gli altri bambini lo osservano disgustati mentre si infilano la plastilina su per il naso. Per i suoi insegnanti è un piccolo genio fatto e finito.

In seconda elementare Alan allarga i propri interessi e

inizia a condurre piccoli esperimenti di botanica (e chi non li ha fatti, a quell'età?) Aveva capito che riducendo in polvere le foglie di romice si ottiene una soluzione per curare le irritazioni da ortica – adesso non vi distraete per andare a cercare su Google cosa diavolo sia la romice! Queste e altre formule vengono registrate da lui su un libretto chiamato *enciclopedio*. A otto anni, visto che ormai i tempi sono maturi, scrive il suo primo libro, *About a Microscope*, frutto dell'osservazione del volo delle api durante una vacanza con la famiglia.

Dopo le elementari viene iscritto alla Public School (che poi sarebbe una scuola privata, sì, lo sapete che gli inglesi sono fatti tutti al contrario...) di Hazelhurst. Più cresce, più diventa trasognato e silenzioso, tanto da non riuscire a farsi degli amici. In realtà, pare che non gliene importi poi molto. Alan si rifiuta di partecipare agli sport di squadra, preferendo di gran lunga fare il muschio sulle terga mentre risolve importanti quesiti scacchistici. Già in questi primi anni di vita conosce la solitudine, e al contempo si comporta come uno che degli altri non sa che farsene. «Cosa sono questi? Esseri umani? E che fanno, si mangiano?»

Così, simpatico come una colonscopia, Alan si aggira per i corridoi a testa bassa, letteralmente inciampando negli altri; con gli insegnanti è pigro e saccente, non esita a correggerli durante le spiegazioni. Ricorda un po' Hermione Granger dei primi anni a Hogwarts, quella che Piton aveva soprannominato un'«insopportabile so-tutto-io».

A una certa gli regalano il libro *Meraviglie della natura che ogni ragazzo dovrebbe conoscere*, che è un po' come regalare una tanica di benzina a un piromane. Alan si chiude nello scantinato a fare esperimenti sempre più pericolosi, estrae lo iodio dalle alghe e prepara intrugli con il bicarbonato. Ogni tanto si sente un botto e lo si vede uscire allo scoperto con in testa il ciuffo di Malgioglio. La madre è convinta che da un giorno all'altro li farà saltare in aria stile Cersei con il tempio di Baelor.

Nella testa di Turing prendono forma quesiti sempre più sofisticati: quando ha appena undici anni, durante una gita estiva, chiede alla madre: «Cos'è che spinge l'ossigeno a legarsi all'idrogeno per formare l'acqua?» La donna rimane ammutolita, anche se chiaramente avrebbe voluto rispondere: «Ma non potevi farti le canne su YouTube come tutti quelli della tua età?»

Nel 1924 Genitore 1 e Genitore 2 vanno in pensione e lasciano finalmente l'India. Naturalmente non ci pensano nemmeno a tornare in Inghilterra da quel disadattato del figlio, così si trasferiscono in Francia per motivi fiscali. Alan è ormai abituato alla loro assenza ma dentro di lui cresce un certo rancore verso quella madre che compare solo per le vacanze estive come la crema solare e l'insalata di riso. C'è di buono che almeno può andare a scuola in taxi come Paris Hilton, lasciando appositamente mance sostanziose per mandare in rovina i suoi.

La carriera tra i banchi procede senza profitto, la sua

è una scuola che privilegia le materie umanistiche, come molte all'epoca, e lui ha ottimi voti solo in matematica. In inglese e latino è una capra sciolta, per di più ha una grafia davvero orribile. Probabilmente è diventato un famoso criptologo perché ha iniziato decifrando i suoi stessi scritti. In ogni caso, riesce a finire il ciclo di studi e si iscrive a un'antichissima Public School del Dorset, a Sherborne. Qui inizia ad andare male anche in matematica, preferisce infatti affrontare quesiti di matematica avanzata piuttosto che fare i compiti giornalieri. Con l'arrivo dell'adolescenza, nonostante non sia affatto brutto, si fa sciatto e trasandato, e gli viene pure la voce stridula di uno che saltando la staccionata ha lasciato le gonadi sullo steccato. Il suo aspetto non lo aiuta certo a guadagnare popolarità: durante le parate della scuola, mentre i compagni sfilano impettiti, pettinati e stirati, lui sembra uno che è uscito a buttare la spazzatura ed è stato aggredito da un gatto randagio. Alan inizia quindi a essere preso di mira, viene bullizzato ed escluso, e per la prima volta ne soffre. I pochi che gli rivolgono la parola restano spiazzati dalle sue risposte, sembra in grado di parlare solo di matematica e scienza.

Se ad esempio uno, tanto per iniziare una conversazione, diceva una cosa innocua come: «Oggi mi prude il culo», lui partiva con tutto uno spiegone interminabile alla fine del quale ti ritrovavi sconvolto come i Ferragnez dopo mezz'ora di Instagram down. Il suo più grande incubo però è il professore di inglese e latino, Trelawney Ross. Ogni volta che vede Alan entrare in aula lo saluta dicendo: «Sento puzza di matematica, Turing vai a prendermi uno spray disinfettante». Simpatico come un travaso di bile. Quando durante l'ora di religione Alan viene beccato con il libro di matematica sotto il banco, rischia addirittura l'espulsione.

Sono questi gli anni in cui Turing scopre la sessualità, e in particolare si accorge di essere attratto dai ragazzi. La sua prima amicizia che profuma d'amore è quella con Christopher Morcom, di un anno più grande di lui. Morcom è un ragazzo popolare e disinvolto che condivide con Alan la passione per la matematica. Grazie a lui Turing inizia a socializzare di più, a vestirsi meglio e perfeziona anche la sua grafia. Per conquistarlo, Alan calcola il valore del pi greco fino a 36 cifre decimali – scemi noi che regaliamo ancora fiori e cioccolatini. È anche grazie alla vicinanza di Christopher che il suo profitto a scuola migliora; durante il terzo anno scrive un compendio sulla teoria della relatività di Einstein che impressiona tutto il corpo docente.

La rigida educazione bigotta dell'Inghilterra del tempo tollera però a stento l'omosessualità, una tendenza che gli insegnanti cercano di correggere con turni di sorveglianza nelle ore di studio e docce gelate. Naturalmente, come qualsiasi adolescente, Alan ha la temperatura corporea di una Nana Bianca, e dei gavettoni non sa che farsene.

Nel '29 Morcom finisce il liceo e decide di fare il test d'ingresso per Cambridge. Alan lo segue a ruota. Morcom supera le selezioni per entrare nel prestigioso college ma

Turing viene respinto. Il punto è che scriveva così male da non riuscire a decifrare la sua stessa grafia, pertanto faceva spesso errori banali, soprattutto per lui. In fondo la matematica richiede ordine, se non sai più distinguere una parentesi tonda da una quadra finisci per calcolare per sbaglio la volumetria della parrucca di Platinette.

Alan supera la delusione buttandosi nella corsa, l'unico sport che abbia mai praticato, e in cui eccelle a tal punto da pensare di partecipare alle Olimpiadi. Morcom e Alan continuano a scriversi ininterrottamente, scambiandosi teorie, progetti e nuovi quesiti. La loro è una relazione che si rafforza col tempo, ma purtroppo di lì a poco Morcom muore improvvisamente di tubercolosi. Alan ne rimane comprensibilmente distrutto, Christopher è l'unico essere vivente con cui sia riuscito ad avere un rapporto autentico e profondo, non lo dimenticherà per il resto della sua vita. Nel frattempo conclude l'ultimo anno di liceo ottenendo una borsa di studio per studiare matematica a Cambridge.

Al college dimostra come di consueto la voglia di socializzare di un fermaporta, preferisce lavorare da solo, spesso nelle ore notturne, interrompendo gli studi solo per le sue maratone. Quando una conversazione non gli piace o la reputa poco stimolante, la abbandona senza salutare, lasciando il suo interlocutore accigliato e inventando così il celebre «vaffanculo silenzioso». Alcuni moderni studiosi, sulla base di questi e altri comportamenti, hanno ipotizzato che Turing potesse essere affetto dalla sindrome di Asperger, un disturbo dello spettro autistico. O forse era semplicemente uno che non amava cincischiare.

C'è di buono che almeno a Cambridge l'omosessualità era più o meno tollerata, si dava quasi per scontato che gli studenti fossero bisex, anche se poi ci si aspettava che sposassero una donna. In questo periodo Alan inizia a frequentare il compagno James Atkins, con cui ha il primo rapporto sessuale. Dopo l'accaduto James prende le distanze, prima si dice confuso, poi sostiene che gli piacciono le donne. Insomma, il povero Turing viene friendzonato con un inedito quanto poco credibile «Scusa ma sono etero» postcoitale. Si laurea a pieni voti e lascia il college con in tasca una borsa di studio per la ricerca.

Un giorno mentre si sta scaccolando gli viene in mente il problema della decidibilità e decide che deve risolverlo. Tutto nasce dal matematico David Hilbert, il quale sosteneva che non esistono problemi matematici irrisolvibili. È evidente che questo Hilbert non abbia mai visto le tracce dei miei compiti in classe. Comunque, ad Alan questo problema sta proprio sul gargarozzo e ci si butta a capofitto come un granchio nelle mangrovie.

Per venirne a capo Turing progetta il modello teorico di una macchina in grado di risolvere qualsiasi calcolo. La macchina di Turing funziona sulle stesse basi di un moderno computer. Le informazioni vengono registrate su strisce di carta potenzialmente infinite e suddivise in caselle, ognuna delle quali può contenere un numero o una lettera. Questo nastro rappresenta la memoria della macchina. All'interno di essa una tabella di regole lavora come quello che oggi chiameremmo il sistema operativo. Turing concepì il suo modello astratto di macchina, che descrive il funzionamento dei futuri computer, prima che ci fosse la tecnologia in grado di costruirli!

Nel 1936 Alan pubblica il frutto delle sue osservazioni nel saggio *Sui numeri calcolati meccanicamente con un'applicazione al problema della decidibilità*. In questa opera Turing presenta una Macchina Universale in grado di prevedere il comportamento di ogni macchina di Turing. Sul problema della decidibilità la sua risposta è negativa: per Turing esistono problemi matematici irrisolvibili. Da questo momento siete autorizzati, ogni qualvolta prendete il segno della trinità in matematica, a tirare fuori il problema della decidibilità impressionando il vostro prof che, a quel punto, umiliato, non potrà che incoronarvi di allori e chiedervi scusa. Non ringraziateci.

Lo scienziato Alonzo Church aveva però bruciato Alan sul tempo, risolvendo il problema della decidibilità e pubblicando i risultati prima di lui. Tuttavia il lavoro di Turing, che citava Church, era così rilevante che fu pubblicato ugualmente e alla fine lo studio fu battezzato come Tesi di Church-Turing. Max Newman, celebre matematico e codificatore britannico, invita Alan negli Usa per un dottorato di ricerca a Princeton, dove Church sarà il suo supervisore. Contrariamente alle aspettative, a Princeton nessuno si caga le teorie di Turing sulla Macchina Universale. Alan entra allora in depressione e scrive all'amico Atkins di stare pensando addirittura al suicidio.

Nel 1938, dopo aver completato il dottorato a Princeton, Alan rifiuta la proposta del matematico John von Neumann – futuro padre dei moderni computer – che lo voleva come assistente, e rientra in Inghilterra. Con lo scoppio della guerra la sua vita ha una sterzata imprevedibile. Quando nel 1939 l'Inghilterra entra in guerra, Turing si unisce infatti al gruppo di crittoanalisti di Bletchley Park, nella cosiddetta Stazione X. Il loro obiettivo è decrittare i messaggi militari nazisti codificati attraverso la macchina Enigma. Quest'ultima aveva fama di essere inviolabile quasi quanto la ricetta del ragù di nonna: era infatti capace di 107.458.491.300.000.000.000.000 combinazioni possibili. Il lavoro è arduo ma Turing non si scoraggia, diventando presto l'uomo di riferimento di tutto il team. Come sappiamo, lavorare in gruppo non è proprio il suo forte e infatti gli altri cervelloni devono adattarsi alle sue bizzarrie. Tanto per cominciare si presenta al lavoro con la maglia del pigiama al posto della camicia e la cravatta a mo' di cintura, roba che se l'avesse fatto nell'era di Instagram avrebbe avuto più follower di Beyoncé. Un'altra stranezza che lascia tutti di stucco è la sua ossessione per il classico della Disney, *Biancaneve e i sette nani*. Non di rado, mentre lavora, canticchia le canzoni del film in mezzo a cotanti geni matematici che lo guardano sconvolti come se avessero appena visto Flavia Vento risolvere un cruciverba.

Per farvela breve, dopo incalcolabili ore di sonno mancate Turing capisce che è necessario individuare un punto debole all'interno di Enigma per decrittare i suoi messaggi, ma per farlo ha bisogno di una macchina che ne imiti il funzionamento. Alan è un matematico, non un ingegnere, ma riesce a convincere due suoi collaboratori, Welchman e Keen, a costruire la Bomba. Si tratta di una macchina gigantesca, alta due metri e lunga altrettanto, pesante oltre una tonnellata e munita di trentasei codificatori che emulano Enigma. Grazie al metodo che passerà alla storia come Turingery, il team di Alan riesce a sfruttare gli errori crittografici di Enigma e a trovare una falla nel sistema. Se due messaggi venivano inviati per sbaglio con la stessa chiave di codifica, il Turingery permetteva di estrapolare il codice usato per crittare entrambe le comunicazioni e quindi di decifrare il contenuto dei messaggi. Grazie a questa genialata, nel 1942 il team di Bletchley Park arriva a decrittare oltre 80.000 messaggi nazisti al mese, tra cui anche un intramontabile «scemo chi legge». Morale della storia: non fotti Turing.

Il lavoro di Alan e del suo team ha inevitabilmente permesso una più veloce risoluzione del conflitto, con un conseguente risparmio di vite umane incalcolabile. Gli scienziati coinvolti nell'operazione vennero obbligati dal governo britannico al massimo riserbo. Che è un po' come andare a letto con Brad Pitt e/o Angelina Jolie e non poterlo dire in giro.

Dopo la guerra Turing lavora al Laboratorio nazionale di fisica a Londra, dove si dedica al progetto del primo computer digitale concepito per scopi non bellici. Nel 1950 sulla rivista *Mind* viene pubblicato il celebre Test di Turing, che fa di lui un pioniere dell'intelligenza artificiale. Si tratta infatti di un particolare metodo con il quale è possibile determinare se una macchina artificiale può essere considerata o meno come pensante.

Nel '51 Alan ha la disgrazia di incontrare il diciannovenne Arnold Murray. I due hanno una breve relazione che promette male già dal primo giorno. Dopo una notte all'insegna del contorsionismo che nemmeno dal chiropratico, Alan si sveglia e scopre che gli hanno rubato tutto, pure le piantine di basilico sul davanzale. Turing accusa Murray del furto, il ragazzo si professa innocente e minaccia il matematico di andare a denunciarlo in quanto omosessuale. In seguito, Murray fa il nome di un certo Harry, uno scavezzacollo già noto alla polizia per aver messo a segno più colpi di Occhi di gatto. Turing vuole vederci chiaro e si reca allora alla polizia portando con sé delle impronte da analizzare. Quando gli agenti si presentano a casa sua per interrogarlo, Turing crede che questi siano lì perché Murray l'ha denunciato, e vuota il sacco confessando, di fatto, la sua omosessualità, che al tempo in Inghilterra è reato. Sulla stupidità invece abbiamo perso le speranze: tutt'oggi è legale e incentivata.

Il caso finisce sui quotidiani locali e infine in tribunale. Durante il processo l'avvocato di Murray dichiara che è stato Turing a sedurre il suo assistito, il quale non ha mai avuto simili tendenze. Intanto in un angolo dell'aula Murray annuisce con addosso il suo paio di pantacollant a fantasia di unicorno preferiti. Morale della storia: l'Inghilterra condanna l'uomo che le ha permesso di vincere una guerra mondiale, perché è gay. Turing ha due alternative: il carcere o la castrazione chimica. Sceglie la seconda via, probabilmente perché la prigione gli avrebbe impedito di continuare le sue ricerche. A causa di questa condanna, a Turing furono inoltre tolte le autorizzazioni necessarie per lavorare nell'intelligence britannica. Per la stessa ragione gli venne inoltre negato l'accesso negli Stati Uniti.

Per tutta la durata del processo, Turing si dichiarerà sempre innocente, non riuscendo mai a capire in cosa consistesse il suo reato. Ce lo stiamo chiedendo anche noi. Poiché considerato malato, Alan viene sorvegliato giorno e notte e obbligato a una «cura» che prevede una somministrazione massiccia di ormoni femminili. Come conseguenza del trattamento inizia perfino a crescergli il seno. Poche persone gli rimangono accanto in questo ultimo periodo della sua vita. Turing continua a lavorare ai suoi esperimenti, intrattenendo una fitta corrispondenza con diversi scienziati dell'ormai ex Stazione X.

Martedì 8 giugno 1954 Alan viene ritrovato morto nella sua camera da letto. Avrebbe compiuto quarantadue anni a breve. Secondo la versione ufficiale si suicidò dando un morso a una mela in cui aveva iniettato del cianuro. Il pensiero va immediatamente alla mela di Biancaneve, ma anche a quella che Newton si prese in testa e alla biblica mela della conoscenza. Forse Turing ha scelto questa modalità perché la sua conoscenza è stata la causa della sua persecuzione? In ogni caso, mai banale.

Comunque sia, Alan Turing lasciò questo mondo come un criminale, dopo aver contribuito a salvarlo. Solo nel 2009 il governo britannico ha chiesto scusa per il trattamento inflitto ad Alan. «Siamo addolorati, meritavi di meglio», ha dichiarato Gordon Brown, allora primo ministro. Ci vien da dire, era ora!

Nel 1999 la rivista *Time* ha inserito Alan Turing tra i cento uomini più importanti del Novecento.

CURIOSITÀ

Sulla morte di Turing si è allargata fin da subito l'ipotesi del complotto. Quando Alan viene ritrovato morto siamo nel pieno della Guerra Fredda e negli anni immediatamente successivi al processo pare che il matematico fosse coinvolto in un'altra operazione segreta, denominata «Verona». L'operazione aveva l'obiettivo di stanare gli agenti di Mosca negli Usa. Secondo alcuni, Turing avrebbe scoperto numerose infiltrazioni ai piani alti del governo, una rivelazione che avrebbe messo seriamente in imbarazzo i capoccia dell'Fbi. Per giunta, in quanto omosessuale, era credenza diffusa che Alan fosse più soggetto di altri al ricatto. Il rischio era che informazioni fondamentali, e imbarazzanti, venissero a galla. Alla luce di questi nuovi elementi, unitamente alla superficialità delle indagini condotte all'epoca sulla sua morte, alcuni criminologi hanno sostenuto che quello di Turing fu sì un suicidio, ma indotto.

Vincent Van Gogh

Pittore amatoriale pazzo come un cavallo e brutto come un divieto di sosta diventa ricco sfondato grazie ai suoi quadri, ma solo un secolo dopo essersi suicidato.

Vincent van Gogh ha definito la sua vita come «la discesa infinita», un'espressione senza dubbio appropriata se consideriamo che il pittore olandese di sventure ne ha avute di così tante e varie da farci la collezione di figurine. A tal proposito, noi ce lo immaginiamo giocare in solitaria a colpi di *celo celo manca* nella sua stanza dalle pareti azzurre, qualcosa del tipo: schizofrenia? *Celo.* Psicosi? *Celo.* Gioia di vivere? *Manca.*

Vincent nasce il 30 marzo 1853 a Zundert dal pastore protestante Theodore van Gogh e da Anna Cornelia Carbentus, la figlia di un ricco rilegatore di libri. Alla nascita i genitori, allegramente inconsapevoli del fatto che la cosa potesse procurare al pargolo delle turbe mentali non indif-

UN ALTRO REGALO INUTILE ...
MI GIRANO I GIRASOLI!
BUON NATALE GAUGUIN

ferenti, gli danno il nome del fratellino nato morto proprio il 30 marzo dell'anno prima. La lapide del defunto, sulla quale Vincent legge il suo stesso nome, è una presenza fissa lungo il percorso che lo porta alla chiesa del paese. La cosa lo spinge inevitabilmente a riflettere ben presto sull'idea della sua stessa morte, regalandogli un'infanzia spensierata quanto quella di Harry Potter. In fondo Vincent festeggiava il compleanno lo stesso giorno del suo funerale, con tanto di parenti confusi che, spiazzati dal paradosso, gli regalavano alcuni un Super Santos e altri un portafiori con lucina incorporata per decorare il tumulo.

Il primo atto rivoluzionario del piccolo Vincent è quello di sfatare il mito secondo il quale tutti i bambini sono belli, lui infatti somiglia a un paguro con le lentiggini. La sorella ce lo descrive come un ragazzino con la faccia triangolare, la fronte prominente sotto la quale spiccano un paio di occhi infossati e un corpicino sproporzionato. Sulle abitudini del giovanissimo Vincent sappiamo ben poco; sempre dalla sorella Elizabeth appuriamo che Van Gogh amava fin da piccolo stare da solo a contemplare la natura, d'altronde questa sembra l'unica attività in grado di accenderlo come un filamento di tungsteno. Un'altra caratteristica che lo accompagnerà anche in età adulta è la scarsa capacità di comunicare con le parole; l'adulto Vincent sarà in grado di parlare in maniera disinvolta solo di pittura, per il resto biascica e farfuglia sfoggiando le stesse capacità oratorie di Luca Giurato.

Vincent frequenta per un periodo la scuola di Zundert con scarso profitto, motivo per il quale i genitori lo fanno trasferire in due diversi collegi, dove farà ugualmente pena. A quindici anni decidono quindi di fargli abbandonare gli studi e lo invitano a cercarsi una fatica. Uno zio mercante d'arte lo fa assumere presso la galleria d'arte Goupil, all'Aia, dove Vincent inizia a innamorarsi della pittura. In questo periodo, spinto da una curiosità irrefrenabile, visita Bruxelles, Londra e Parigi. Nel frattempo anche il fratello Theo, senza dubbio la persona più vicina a Vincent per l'intero corso della sua vita, viene assunto nella stessa casa d'arte. Si deve dire che i due non potevano essere più diversi: Theo è un ragazzo di bell'aspetto, ordinato e con un certo fiuto per gli affari, quello venuto bene in famiglia; Vincent invece sembra un Picasso scappato dalla cornice, ha difficoltà a relazionarsi con gli altri ed è sempre con la testa tra le nuvole. A Theo, Vincent indirizza oltre seicento lettere bruciando un patrimonio in francobolli. Questi manoscritti rappresentano una vera e propria guida alla produzione artistica di Van Gogh.

Alla galleria Vincent si fa notare per la sua grande professionalità, tanto che presto fa carriera e viene trasferito nella sede centrale di Londra. Qui prende una camera in affitto da una maestra d'asilo, e si innamora perdutamente di sua figlia, Ursula (la cui reale identità oggi è molto dibattuta). La scoperta della passera sconvolge il già labile sistema nervoso di Vincent. A Theo scrive di amarla, di volerla sposare e di volerci fare una dozzina di figli fulvi come la capocchia di un cerino. In tutto questo lei a malapena sa che lui esiste. In amore, si dice, o sei ricco o sei Rocco; non sappiamo se Vincent fosse Rocco, sicuramente non era né ricco né bello, anzi, aveva due occhi spiritati che avrebbero messo in fuga anche Hannibal Lecter. Ursula lo rifiuta senza pensarci due volte, e lui, che non se l'aspettava proprio, rimane tuonato a vita da questa brutta esperienza.

Per Vincent è l'inizio della depressione: cambia casa e al contempo sviluppa una più radicata intolleranza verso gli esseri umani, tant'è che i clienti della galleria se ne lamentano apertamente. D'altronde, complimentarsi con un acquirente che ha appena sborsato fior di quattrini per una natura morta con un sincerissimo: «Mi lasci dire che lei ha veramente dei gusti di merda», non ti assicura la promozione. Pertanto il Nostro viene spostato a Parigi, dove insiste con lo stesso comportamento fino al licenziamento definitivo. Ursula, o comunque si chiami, è un chiodo fisso nella sua testa. Per lei Vincent si trasferisce di nuovo in Inghilterra, a Ramsgate. Per poterla vedere, anche solo da lontano, la pedina, letteralmente facendosi svariati chilometri a piedi, inaugurando così la figura storica dello stalker professionista.

In questo periodo di forti delusioni, Vincent si riavvicina alla fede: legge la Bibbia giorno e notte, a Theo confessa di volersi fare prima prete, poi missionario. I genitori decidono di spedirlo ad Amsterdam per assecondare questo suo desiderio e fargli studiare teologia. Vincent però ha grandi difficoltà a imparare il greco e il latino, lingue che secondo la sua non modesta opinione sono inutili a portare la parola di Dio nelle strade, tra i poveri. E dategli torto! Fallito anche il tentativo di diventare sacerdote, Vincent cade nell'autolesionismo: mangia a malapena, mette un bastone tra le lenzuola in modo da negarsi il sonno, torna tardi la sera appositamente per farsi chiudere fuori e dormire in strada, si percuote il mignolino del piede con un comodino di mogano. Insomma, è fuori come un terrazzo.

Tre mesi più tardi, dopo aver frequentato un corso accelerato per evangelisti a Bruxelles, viene mandato in missione nel Borinage, nel villaggio minerario di Wasmes. Qui, infervorato dalla sua missione, si aggira come Padre Maronno tra la popolazione locale. All'inizio pare anche ripigliarsi un poco, per la prima volta dopo anni ha infatti uno stipendio e una casa decente. Naturalmente non può farsela durare, la condizione dei minatori e delle loro famiglie lo sconvolge: uomini e bambini lavorano a settecento metri di profondità in condizioni disumane, le temperature altissime e le polveri sottili causano centinaia di morti di tisi e polmonite. In superficie gli operai vivono in baracche di legno col pavimento di terra battuta, le donne si aggirano per i terreni brulli alla ricerca di qualche frammento di carbone per riscaldarsi: una depressione tale che ti piangono pure le ginocchia. Davanti a tale disperazione, Vincent abbandona ogni pratica religiosa, sempre più convinto che un Dio indolente abbia abbandonato l'umanità a un destino triste e senza salvezza. Come san Francesco prima di lui, Vincent regala il suo stipendio, i suoi vestiti, e la sua casa, e quando gli ispettori della Chiesa lo scoprono, gli tolgono l'incarico perché «ha svilito la dignità sacerdotale e ha offeso Dio». Evidentemente già al tempo se non sfoggiavi un super attico in Vaticano non eri degno di predicare il Vangelo.

Una volta fatta esperienza sulla sua pelle di quanto il mondo faccia schifo, Vincent inizia a dipingere per dimostrare l'assurdità dell'esistenza umana. All'inizio si tratta di piccoli schizzi che non riscuotono alcun successo, anzi, a Theo racconta di come un giorno, mentre stava disegnando, un uomo alle sue spalle gli avesse scatarrato sul foglio. In questi mesi Van Gogh lavora duramente per riuscire a padroneggiare la tecnica, dentro di sé sente che quei suoi disegni valgono molto più di una sputacchiata. Alla ricerca di conferme, un bel giorno parte a piedi per far vedere i suoi disegni a Jules Breton, un pittore che abita a quasi duecento chilometri da lui. Cammina per cinque giorni, in infradito per strade tutte in discesa, scambiando i suoi disegni per un pezzo di pane, ma quando alla fine arriva logoro alla casa del pittore, trovandosi davanti una dimora così lussuosa e imponente, ha vergogna a entrare e decide di tornare indietro. Viene letteralmente raccattato per strada, moribondo e con i calli pulsanti, da suo padre, che lo riporta dalla famiglia a Etten nel 1881. Qui inizia a fare il mantenuto, dedicandosi esclusivamente all'esercizio pittorico e al perfezionamento della sua tecnica. Prendendo esempio da Valerio Scanu, si aggira in tutti i luoghi e in tutti i laghi armato di sgabellino pieghevole. Ad accompagnarlo, a volte, c'è la cugina Kee, rimasta vedova, insieme al figlioletto. Ovviamente Vincent se ne innamora e torna a imbrattare diversi svariati chilometri di lettere a Theo, il quale ormai, per comodità, si era preso un appartamento sopra le poste comunali. Dopo settimane di tentennamenti che vi risparmiamo, Vincent confessa il suo amore a Kee, la quale brutta sì, ma per niente scema, rifiuta quel cugino senza arte né parte mantenuto dal fratello più piccolo. Ma nonostante il parere contrario della famiglia di lui e di lei, Vincent non si arrende: veste nuovamente i panni dello stalker e si presenta perfino a casa di Kee, dalla quale viene allontanato a secchiate di acqua gelata. A questo punto, deciso a liberare l'allodola e perdere finalmente la verginità, fa la prima scelta sensata della sua vita e paga una prostituta.

Nel Natale del 1881 il nostro giovane Weasley litiga furiosamente col padre in seguito al suo rifiuto di andare a messa. Nella lite il sant'uomo perde la pazienza, e tira giù tutto il calendario da Capodanno a San Silvestro a suon di bestemmie. Per Vincent la vicenda segna la sfiducia definitiva verso la chiesa e i suoi rappresentanti. A ogni modo, viene cacciato di casa e trova rifugio all'Aia, dove viene ospitato dal cugino pittore, Anton Mauve, che gli regala la sua prima scatola di colori.

All'Aia Vincent intrattiene la sua prima vera relazione con una donna: Sien. Forse qui spererete che il nostro eroe si sia trovato una brava ragazza a modo. E invece no, nisba, nada, nein, niet, manco per il ciuffolo! Sien è un'ex prostituta alcolizzata e tabagista con due figli e una madre a carico, che si guadagna da vivere facendo le pulizie nei bordelli. E va bene, dispererete voi, sarà almeno una bella donna, quantomeno presentabile! Siete di nuovo fuori strada. Sien è inequivocabilmente brutta: ha il volto devastato dal vaiolo; i capelli radi che le scoprono il cranio la fanno sembrare un Gollum con le ovaie; e per di più attacca a Vincent tutto l'alfabeto delle malattie sessualmente trasmissibili tra cui la sifilide e la gonorrea. La relazione tra i due viene aspramente criticata dal cugino Anton e dal fratello Theo, che rivela a Vincent le intenzioni del padre di internarlo in un istituto psichiatrico. Passi il suo curriculum e la scarsa avvenenza, ma Sien è anche di religione cattolica, e questo la famiglia Van Gogh non può proprio accettarlo. Come da copione, Vincent si intestardisce, dichiara di volerla sposare a costo di avere tutto il mondo contro, e via discorrendo con la solita disperazione. Fatto sta che quando la famiglia lo minaccia di chiudere il rubinetto degli aiuti economici, lui manda alle ortiche ogni romanticheria e abbandona Sien e il suo figlioletto, pur continuando a sostenerli con piccole somme di denaro (non suo). Per onore di cronaca, Sien verrà trovata morta suicida in un canale di scolo vent'anni dopo.

Trascorso un periodo in solitaria nella campagna olandese, dove sostanzialmente passa il tempo a guardare il duro lavoro degli operai come un vecchio davanti a un cantiere,

Vincent torna a casa dalla famiglia che nel frattempo si è trasferita a Nuenen. Qui trova miracolosamente una donna che vuole sposarlo, ma la tizia, non portando in dote nemmeno un herpes genitale, viene ritenuta da Vincent indegna di lui: sfondare nel mondo dell'arte è il suo unico obiettivo ormai. Paradossalmente, più diventa bravo più viene criticato e chiamato pazzo. I rapporti col padre si fanno sempre più aspri, il vecchio parla apertamente di suo figlio come di un folle. Il 26 marzo del 1885, in seguito all'ennesimo litigio, il padre di Vincent si prende un coccolone e ci rimane secco. Nonostante i rapporti tra i due siano sempre stati sereni come un tifone nelle Filippine, per il pittore questo è un altro duro colpo da mandare giù. A questo punto è chiaro che Vincent ha di nuovo bisogno di allontanarsi dalla famiglia e trova un accordo formale con Theo: in cambio di quelle che oggi sarebbero poche centinaia di euro, Vincent invia tutti i suoi lavori al fratello. Stiamo parlando di opere che di lì a qualche decade varranno una vera e propria fortuna. Alla fine del 1885 infatti, Vincent dipinge *I mangiatori di patate*: un quadro che esprime tutta la sua passione per il mondo degli ultimi e dei diseredati. La madre, impietosita da quel figlio inquieto, per esaudire il suo desiderio di andare a studiare all'accademia di Anversa vende i mobili e i disegni di Vincent a un falegname, che li tratta con lo stesso rispetto che meriterebbe la prima pagina di *Novella 2000*.

Ad Anversa Vincent viene preso a pesci in faccia anche dagli insegnanti, i quali lo mettono in classe insieme ai ragazzini di dodici anni che stanno ancora imparando a colorare nei margini delle figure. Furibondo, Vincent parte per raggiungere Theo a Parigi. In Francia si trova immerso nella corrente pittorica dell'impressionismo: Renoir, Monet e Degas sono i vip dell'epoca. Le opere di Vincent però rappresentano un punto di rottura, un superamento della visione ottimistica della natura propria dell'impressionismo. Questi artisti amano dipingere all'aria aperta e sono soliti esaltare forme e colori con l'obiettivo di sottolineare il bello e suscitare un piacere visivo in chi si trova davanti alla tela. Insomma, gli impressionisti sono dei guardoni che spennellano le classiche tele il cui destino è finire nelle scatole dei puzzle da millecinquecento pezzi: sono quadri spaventosamente belli ma soprattutto immediati, non ci vuole un genio per capirli. L'espressionismo invece rappresenta la realtà nella maniera in cui quest'ultima colpisce l'anima dell'artista, e in questo caso l'artista è nove volte su dieci un disagiato in rottura col mondo, con la società e con le più basilari norme igieniche. Da questo punto di vista, Van Gogh è un precursore se non addirittura l'inventore dell'espressionismo. Una sedia disegnata da Vincent è senza dubbio riconoscibile come una sedia, ma è soprattutto riconoscibile come una sedia disegnata da Van Gogh. Non siamo dei critici d'arte, ma dovremmo aver reso l'idea. Sgarbi, abbi pietà di noi.

Nella capitale francese, com'è prevedibile, Vincent piomba come un uragano nell'appartamento del povero Theo, facendogli venire un esaurimento nervoso. Vincent si dimostra essere il classico coinquilino di merda che lascia piattole e pestilenza al suo passaggio, spingendoti ad acquistare un lanciafiamme su Amazon Prime per ardere la palazzina piuttosto che rassettare l'appartamento per la terza volta nella stessa giornata. Si ubriaca di assenzio a tutte le ore del giorno, porta le prostitute in casa, non si lava, scrocca la spesa, e via discorrendo con tutta una serie di violazioni dei diritti umani. Theo, che in ogni caso ha un lavoro da portare avanti, non può nemmeno andare a dormire in santa pace senza ritrovarsi la presenza inquietante del fratello, seduto su una sedia a fianco al letto fino a tarda notte, a condurre oscuri monologhi sull'arte. Theo sopporta e si lamenta con la sorella, scrivendole che nessuno vuole più andare a trovarlo a casa per paura di contrarre il tifo. C'è di buono che a Parigi Vincent frequenta per alcuni mesi l'accademia del pittore Fernand Cormon, un'esperienza che gli permette di affinare la padronanza dei colori.

Il 20 febbraio del 1888, con grande felicità del fratello, Vincent lascia Parigi e si dirige verso Arles alla ricerca di paesaggi più evocativi. Gli abitanti del luogo lo temono e lo disprezzano, lui d'altronde non fa nulla per integrarsi: si aggira per le strade vestito di stracci, fetido come il cesso di un autogrill, sempre con quell'aria stravolta di uno che sembra essersi pettinato con il microonde. Dopo un periodo in albergo, prende in affitto la famosa casa in piazza Lamartine, quella con le mura esterne dipinte di giallo. Siamo davanti alla prima apparizione di quel colore così distintivo della sua produzione da essere ribattezzato «giallo Van Gogh»: una tonalità eccessiva, quasi violenta per la vista. In questo periodo Vincent dipinge senza sosta, anche di notte e all'esterno. Gli arlesiani se la ridono di gusto vedendolo per strada, seduto davanti alla sua tela, con una serie di candele impilate sopra il cappello di paglia, quasi come se fosse un candelabro umano; Vincent sta lavorando alla *Notte stellata sul Rodano*.

Se le sue prime opere risentono delle influenze impressioniste, adesso Van Gogh ritrae l'anima più profonda e sconvolgente delle cose e della natura. In questo stesso periodo Vincent scambia qualche lettera anche con Paul Gauguin, pittore ugualmente emergente ma comunque più conosciuto di Van Gogh. Theo, che in quei mesi iniziava a vendere già qualche quadro di Gauguin, lo spinge a raggiungere Vincent ad Arles, forse per porre un freno alla vita dissoluta che minaccia la carriera di Paul. Vincent e Gauguin diventano quindi coinquilini.

Si deve dire che Paul non nutre nessuna stima per il lavoro di Van Gogh. Anche lui, come tanti, lo considera un improvvisato pazzo e demente. Vincent, dal canto suo, ne sembra quasi innamorato, tanto da regalargli per la prima volta un suo autoritratto. Soffre come un cane quando scopre la tela in cui Gauguin lo ha ritratto, vi invitiamo a cercarla su Google: Vincent sembra un procione in prognosi riservata a cui qualcuno ha messo in mano un pennello.

Nonostante le sbronze di assenzio e le frequenti visite al casino, la convivenza tra i due non va affatto bene: quando Paul minaccia di andarsene, Vincent crolla nella disperazione più cupa. Lo stesso Gauguin racconta in alcune lettere come una volta, svegliatosi nel cuore della notte, se lo fosse ritrovato a un palmo dal naso a fissarlo con gli occhi sbarrati. Non c'è da stupirsi che Paul si sia cacato sotto, è veramente troppo: Gauguin mette in una busta dell'Esselunga due paia di mutande e un paio di calzini spaiati e se ne va. È in questo frangente che Vincent, deluso da quell'amicizia non corrisposta, decide di aggredirlo per strada con un rasoio, nel tentativo di sgozzarlo. Quando non ci riesce, torna a casa e in preda alla rabbia e alla disperazione si amputa un orecchio, poi si dirige al casino per regalare quel pezzo di sé a Raquel, la sua giovane prostituta preferita. Pare che, consegnandole il moncone, le abbia detto: «Se ti manco, parla qua dentro».

All'ospedale di Arles Vincent più che curato viene torturato: lo incatenano al letto e lo obbligano all'isolamento senza nessun motivo valido. Il giorno delle dimissioni viene buttato per strada come uno scarto umano, ed è così che si sente. Fuori dall'ospedale ci rimane comunque poco, i cittadini di Arles gli danno il tormento prendendolo in giro, scrivono anche una lettera al sindaco affinché rinchiuda in manicomio quel pazzo alcolizzato. Qualche mese dopo, le crisi di nervi e le allucinazioni gli rendono la vita impossibile, tanto da spingerlo a internarsi di sua spontanea volontà. Nonostante il cibo che sa di bitume e i trattamenti per curare la schizofrenia (diagnosticata così, a naso) Van Gogh in manicomio ci si trova quasi bene, indubbiamente preferisce quel posto al mondo dei giusti, dei sani e dei morigerati. È in questo periodo che dipinge la famosissima *Notte stellata*.

Nel frattempo Theo si è appena sposato ed è in procinto di avere un figlio, e Vincent inizia a essere terrorizzato dall'idea di rimanere solo, abbandonato in manicomio. Così dà ancora di matto: ingoia la trementina, mangia dei tubetti di colore, prende a calci una guardia gentile che lo accompagna spesso a dipingere.

Nel maggio del 1890 riesce finalmente a tornare a Parigi dove il fratello ha messo su la famiglia del Mulino Bianco. Theo, che non ha nessuna intenzione di tenerselo in casa, lo convince a partire per Auvers-sur-Oise, villaggio a circa trenta chilometri dalla Ville Lumière, dove un medico suo amico può stargli vicino. Peccato solo che l'amico medico è un po' come il cugino elettrauto che ti fa lo sconto sul tagliando, salvo poi farti esplodere come un petardo con il freno a mano su per il deretano. Il dottor Paul Gachet, così si chiamava, è infatti pazzo almeno quanto Vincent. In lui Van Gogh non trova nessun conforto, bensì uno specchio ai suoi tormenti. La sera del 27 luglio di quello stesso anno, Vincent si allontana nei campi e dopo essersi sdraiato in un canale pieno di letame si spara un colpo di rivoltella all'addome. Poi torna alla locanda del paese, dove viene ritrovato in fin di vita. Morirà la notte stessa a soli trentasette anni.

In quanto suicida, il parroco di Auvers si rifiutò di prestare il carro funebre e il corpo venne adagiato in una sala da biliardo, all'interno di una cassa fatta male, tanto che i liquidi nauseabondi colavano sul pavimento: Van Gogh è stato un disturbatore disturbato fino alla fine. Sulla sua bara qualcuno ebbe la pietà di posare dieci girasoli.

Dopo la sua morte, Theo, distrutto dai sensi di colpa, venne ricoverato in una clinica parigina per malattie mentali. Morirà a sei mesi di distanza dal fratello.

Vincent lasciò questo mondo povero, pazzo e praticamente sconosciuto. Com'è noto, il suo successo è tutto maledettamente postumo: nel 1987 *I girasoli* venne venduto a un'asta di New York per quaranta milioni di dollari. Tutta la sua esistenza è una tensione senza compromesso verso l'arte, ed è triste riflettere su quanto l'uomo Van Gogh oggi sarebbe un reietto esattamente come allora. Vincent è diventato senza dubbio l'emblema del connubio tra artista e dolore, come scrisse la grande Alda Merini: «Soffrire è un'arte. Bisogna imparare a soffrire. E soprattutto bisogna soffrire senza redimersi».

E infatti Van Gogh non desiderò mai redimersi, e da cosa poi? Accettare la sua follia è stata la chiave del suo genio, almeno fino a quando riuscì a sopportarla. Oggi le sue tele ci invitano ad accettare la nostra.

CURIOSITÀ

Abbiamo visto come un certo periodo della produzione di Vincent sia caratterizzato dall'uso di un giallo particolare, lo testimoniano opere come *Campo di grano con mietitore*, i celebri *Girasoli* e il *Campo di grano con corvi*. L'utilizzo di questa particolare tonalità è diventato emblematico della visione della vita di Vincent, dove la luce è lacerante, bruciante, fino a stravolgere il paesaggio. La comparsa del giallo Van Gogh sulla tela però, potrebbe essere molto di più che una scelta stilistica. Secondo alcuni infatti, il pittore olandese avrebbe avuto una percezione anomala del giallo a causa dell'assunzione di digitale, un farmaco utilizzato per la cura dell'epilessia. Pare che Vincent ne abbia fatto uso per anni, tanto da intossicarsene procurandosi la *xantopsia*, un disturbo visivo che fa apparire giallo ciò che è bianco, e violetto ciò che normalmente è scuro.

Oscar Wilde

Scrittore irlandese fissato con la moda dilapida la fortuna di famiglia in borse di Prada, finché non viene arrestato per un risvoltino di troppo ai pantaloni.

Una delle penne più celebri della storia della letteratura mondiale, famoso in ogni dove per la stravaganza del suo abbigliamento, costantemente a caccia del bello e del ricercato. No, non stiamo parlando di Enzo Miccio, né di Giampiero Mughini e nemmanco di Oscar Giannino, bensì dell'unico e inimitabile Oscar Fingal O'Flaherty Wills Wilde.

Per comprendere al meglio il suo personaggio facciamo un passo indietro per parlare dei suoi genitori. Il padre di Oscar, Sir William Robert Wills Wilde, è un oftalmologo e uno scienziato di grande fama, tra i suoi pazienti vanta addirittura re Oscar I di Svezia e la regina Vittoria di Inghilterra. Se nel leggere la parola oftalmologo avete vissuto un attimo di sconcerto, non preoccupatevi, non è null'altro che l'antico nome dell'oculista. Segnatevelo se un giorno vorrete fare colpo su una giovane studentessa di medicina. La carriera di William Wilde termina bruscamente nel 1862 a causa delle accuse di stupro mosse nei suoi confronti dalla diciannovenne Mary Travers. William, oltre ad abbandonare la sua carriera, è costretto a versare la somma di duemila sterline come risarcimento danni.

Esattamente undici anni prima, William aveva sposato Jane Francesca Elgee, una giovane irlandese che diceva di discendere da un'antica e nobile famiglia toscana, cosa assolutamente non vera, in realtà era nobile come la portinaia del mio palazzo. Ma chi siamo noi, il Paese della nipote di Mubarak, per poterla giudicare? Nessuno. Jane era una poetessa molto rinomata in Irlanda sotto il nome d'arte di Speranza (in italiano), sostenne con ardore l'irredentismo irlandese e aveva coniato anche un motto tutto suo, talmente d'avanguardia da sembrare uscito dal manifesto elettorale del candidato sindaco di Cernusco sul Naviglio: «Fidanza, Speranza, Costanza». Il «Per una Cernusco che avanza» lo aggiungiamo noi, per amore di rima.

Oscar nasce il 16 ottobre 1854 a Dublino in un contesto famigliare benestante. Fin da piccolo dimostra una grande curiosità e un innato talento nell'uso della parola e dell'affabulazione, già a cinque anni vanta una parlantina che Bonolis spostati. In un'ipotetica conversazione con Sheldon Cooper e Sherlock Holmes, straccerebbe entrambi per poi

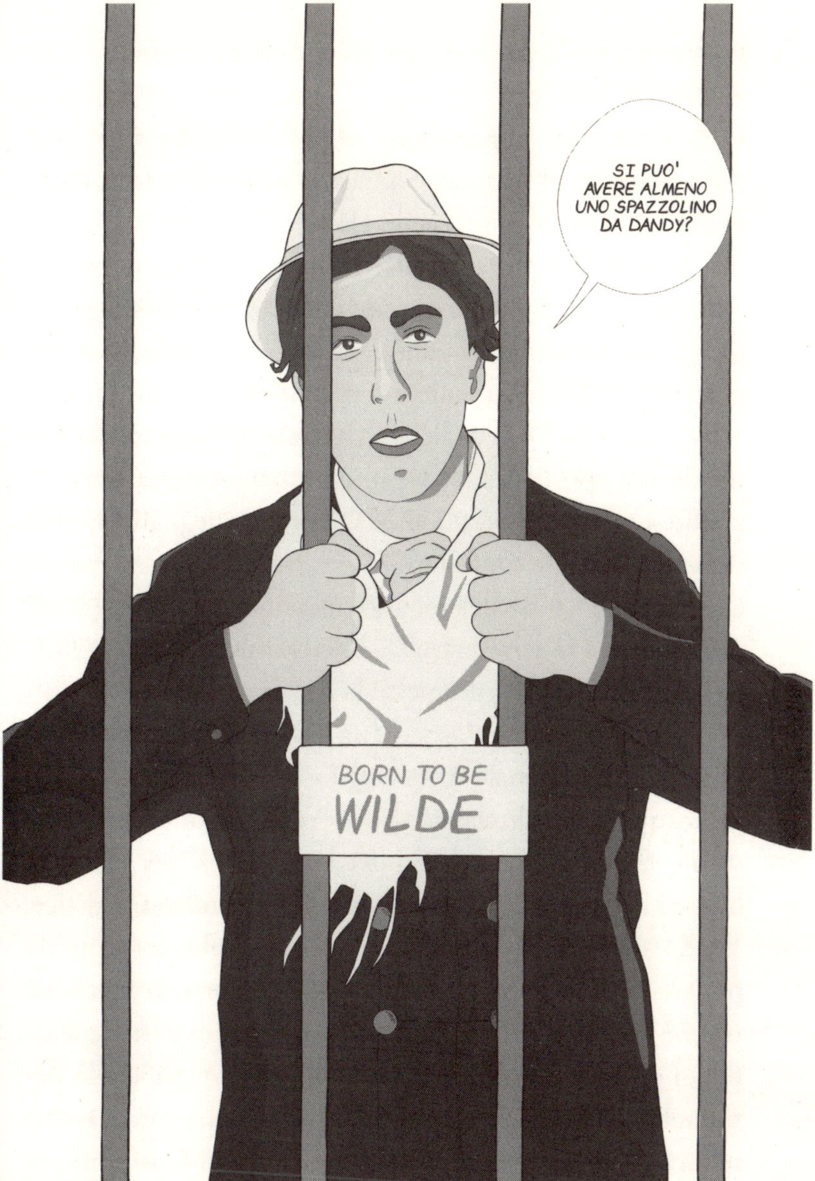
SI PUO' AVERE ALMENO UNO SPAZZOLINO DA DANDY?
BORN TO BE WILDE

svanire nel nulla dopo essersi avvolto in un mantello tempestato di pietre preziose.

A nove anni viene iscritto alla Portora Royal School dove dimostra il suo genio precoce eccellendo in tutte le materie, soprattutto in quelle classiche. La sua peculiarità è la rapidità di lettura; mentre i suoi amici sono ancora in quei magici anni in cui riuscire ad allacciarsi le scarpe da soli rappresenta una conquista, lui riesce a leggere due pagine contemporaneamente e a tradurre oralmente Platone e Tucidide. Nel 1871 si iscrive al Trinity College di Dublino, dove è uno dei tre studenti ad assicurarsi una borsa di studio. Durante gli studi al Magdalen College di Oxford, viene iniziato alla confraternita che, per alcuni, è un gruppo che decide le sorti del mondo, nascondendoci incredibili misteri come la terra piatta, le scie chimiche e la vera funzione sociale di Gianni Sperti: la Massoneria.

Tra un successo scolastico e un altro che fai, un viaggetto non te lo fai? E quale meta migliore se non l'Italia per un amante degli studi classici come Wilde? Potrà sembrarvi strano ma anticamente non eravamo famosi per il bunga bunga, bensì per il nostro immenso patrimonio artistico. Wilde si studia un bellissimo itinerario volto a toccare le più grandi città nostrane ma non riesce a portarlo a termine perché ha un brutto vizio: è uno spendaccione irrecuperabile. Dovrà presentarsi per ben due volte in tribunale per ripianare i debiti e verrà cacciato dalla sopracitata Massoneria per non aver pagato le quote annuali. Così, rimasto al verde, Wilde è costretto a tornare in patria, dove però non rimane a lungo. Dopo la morte del padre, avvenuta nel 1876, lo scrittore irlandese parte per la Grecia e successivamente fa tappa a Roma, dove viene ricevuto da Sua Santità papa Pio IX.

Finita l'università, Wilde si butta a capofitto nella ricerca di una borsa di studio, ma durante la prova scritta al Cambridge Trinity College contesta il modo in cui sono formulate le domande e, forse anche per questo, viene respinto. Nel frattempo inizia a essere conosciuto nella capitale inglese per via della sua stravaganza. Ama girare con un pitone al collo urlando «Adoro!» davanti a ogni vetrina. Se qualcuno si azzarda a prenderlo in giro, lui gli risponde a tono, asfaltandolo, e aizzandogli contro Nagini. Nel giorno del suo compleanno si veste sempre di nero, dichiarandosi in lutto per la propria giovinezza. Nelle foto non ride mai, aveva infatti i denti rovinati dal troppo mercurio assunto per curare la sifilide. Le sue idee sull'estetismo e i suoi lunghi ricci non lasciano indifferente la puritana società londinese. In un mondo abitato da soggetti con la personalità di un asse da stiro, Oscar Wilde è un raggio di luce.

Di pari passo inizia a muovere i primi passi nel mondo della letteratura e del teatro. Porta in scena l'*Agamennone* di Eschilo e dà alle stampe *Poems*, una raccolta di poesie che ottenne un discreto successo, nonostante le aspre critiche per via del contenuto giudicato immorale.

Nel 1879 Oscar acquista una casa al numero 13 di Salisbury Street, dove va a convivere con l'amico Frank Miles. Una menzione d'onore va fatta per l'arredo, scelto da Wilde in persona: porcellane, mobili costosi, quadri, tappeti, gigli, il paradiso di Carla Gozzi insomma. Col tempo le accuse di immoralità si fanno sempre più insistenti, tanto che il padre di Frank Miles impone al figlio di interrompere tutti i rapporti con Wilde e di cambiare abitazione. Oscar se ne infischia, le sue apparizioni, sempre coronate da un bagno di folla, continuano a vantare la stessa sobrietà del guardaroba di Cristiano Malgioglio. Ma Wilde non è un ingenuo, sa benissimo che tira la stessa aria che si respira dopo una cena a base di fagioli e cotiche. Decide quindi di trasferirsi a Parigi.

Grazie all'aiuto di Robert Harborough Sherard trova una sistemazione e cambia taglio di capelli. Potrebbe essere un particolare trascurabile, se non fosse che si presenta dal parrucchiere con un busto di Nerone pretendendo che glieli faccia allo stesso modo. Già allora i parrucchieri avevano il brutto vizio di chiederti «Come li facciamo?» – falsi come la scritta PER DUE PERSONE sulla confezione di tortellini da mezzo chilo –, per poi fare esattamente di testa loro. Wilde fu il primo uomo a spezzare questo circolo vizioso, che ancora ci tiene relegati a tagli di capelli che non volevamo e ci costringe a indossare berretti di lana fino al 15 agosto.

Dopo il periodo francese torna a Londra, dove per mettere a tacere le voci sulla sua omosessualità e al contempo risollevare le proprie economie, decide di sposarsi. La fortunata donna angelo-bancomat è Constance Lloyd, figlia di un importante avvocato irlandese. I due si sposano il 29 maggio 1884 ma già dopo la luna di miele Wilde non ne può più – la famosa crisi del settimo giorno. Per consolarsi raggiunge vette di sperpero inaudite, arrivando a buttare circa cinquanta sterline, cifra sostanziosa all'epoca, per comprare due cucchiaini da tè. La coppia si trasferisce al 16 di Tite Street, il primo gennaio 1885, in una casa di quattro piani. Constance rimane incinta e dà alla luce prima Cyril e poi Vyvyan. Com'era prevedibile, le cose tra i due coniugi precipitano con la velocità di una dieta iniziata un qualsiasi lunedì del mese. Oscar inizia a trovare Constance poco attraente per via delle gravidanze, odia i suoi gonfiori e le sue continue nausee. Lei giustamente inizia a mal sopportare il suo atteggiamento, le bugie e, soprattutto, la chiacchieratissima relazione del marito con lo scrittore Henry Marillier.

Nel 1887 accadono due cose: Wilde pubblica il suo primo racconto lungo, *Il fantasma di Canterville*, che esce in due parti sui numeri di febbraio e marzo della rivista *The Court and Society Review*. Lo stesso anno Thomas Wemyss Reid, direttore del *Lady's World: A Magazine of Fashion and Society*, rivista in cui si discuteva di femminismo, assume Wilde con uno stipendio di sei sterline alla settimana come recensore di poesie. All'inizio lui si butta a capofitto in questo nuovo progetto ma dopo poco tempo inizia a presentarsi al lavoro soltanto due giorni alla settimana, rimanendovi per appena un'ora al giorno. Numeri perfetti per fare il parlamentare europeo ma non di certo per una normale carriera lavorativa. Annoiato e irritato dal divieto di fumo in atto nella redazione, dopo appena due anni si licenzia al grido di: «Ciao povery!»

Continuano le sue numerose relazioni con personaggi dal curriculum quantomeno bizzarro. Tra tutti spiccano le personalità di John Gray, non quello delle cinquanta sfumature ma con le sue stesse passioni, e John Barlas, un brav'uomo che aveva minacciato di far saltare in aria il Parlamento.

Il biennio successivo sarà per Wilde quello della grande riscossa che lo consegnerà alla storia. Nel 1888 pubblica *Il principe felice e altri racconti*, una raccolta di favole dedicata «ai bambini dagli otto agli ottant'anni», come amava definirle lo scrittore. In queste opere Wilde critica l'ottusità umana incapace di apprezzare fino in fondo i valori dell'arte e della vita, ma anche l'oscurantismo e l'ipocrisia dei benpensanti. Lo fa con una prosa incredibile, dove anche i suoni delle parole riescono a comporre una melodia. Due anni più tardi inizia a lavorare al suo unico romanzo: *Il ritratto di Dorian Gray*. Un'opera dal forte sapore autobiografico nel quale Wilde esplora la malvagità e la fragilità dell'animo umano.

L'anno successivo pubblica la seconda parte delle sue favole nella raccolta *La casa dei melograni*, e *Intenzioni*, una collana di saggi che comprende il celeberrimo *La decadenza della menzogna*. È anche uno dei maggiori rappresentanti della *comedy of manners*, con opere come *Un marito idea-*

le, *Una donna senza importanza* e *L'importanza di chiamarsi Ernesto*.

Galvanizzato dai suoi successi, Wilde torna a Parigi, dove conosce Émile Zola e Marcel Proust. Su quest'ultimo fece un unico commento: «Ha una brutta casa». Ma Wilde è Wilde, gli si perdona tutto. Oltre a intrattenersi con gli intellettuali francesi passa il tempo a fumare sigarette egiziane, un modo carino per dire che si faceva di oppio come una pigna. Torna a Londra con il fegato che reclama a gran voce l'indipendenza, i dottori gli intimano di smettere di fumare e gli prescrivono una dieta ferrea. In questo periodo inizia la sua relazione con Alfred Douglas. Non si sa precisamente come i due si siano conosciuti, un po' come quelle coppie che hanno avuto il primo approccio su Tinder ma non lo ammetterebbero mai, preferendo inventarsi di essersi incontrati a un concerto, al cinema, alla sagra della fava o nelle fogne comunali. Si sa per certo che Douglas lo spenna come un pollo per condurre una vita di lusso estremo.

Douglas prende Oscar per mano e, come una coppia di turisti tedeschi di mezza età in vacanza in Thailandia, i due si addentrano nel mondo della prostituzione maschile, iniziando una vera e propria gara a chi copula di più. Da questo incontro in avanti, per Wilde si apre un periodo di forte decadimento. Si trasferisce in un hotel e nonostante più volte sia i suoi amici sia sua moglie abbiano provato a convincerlo a tornare a casa, non vuole sentire ragioni. All'epoca nella civilissima Inghilterra era in vigore il Criminal

Law Amendment Act, che puniva la sodomia con la reclusione. Una legge contro cui Wilde va a schiantarsi come un moscerino sul parabrezza.

Finisce in prigione dal 1895 al 1897, dopo aver dato spettacolo in tribunale dimostrando nuovamente le sue immense doti di cinico oratore. Durante il processo le sue risposte sono così taglienti da far ridere tutta la platea. Per riuscire a procedere si decide di far uscire il pubblico dall'aula e il processo si conclude a porte chiuse con una condanna a due anni di carcere e lavori forzati.

Durante gli ultimi mesi di carcerazione Wilde scrive il *De Profundis*, pubblicato solo postumo, in parte nel 1905 e per intero non prima del 1949. I suoi beni vengono pignorati per pagare parte dei debiti che ha contratto e, una volta libero, viene trattato come un appestato da amici e conoscenti. Povero e senza un soldo arriva addirittura a rapinare un'attrice lirica e a salire su un autobus mendicando un biglietto. Parte allora per Napoli insieme all'amato Douglas e qui inizia a scrivere la *Ballata del carcere di Reading*, considerato il suo poema migliore, di tono insolitamente cupo e malinconico. Lo conclude a Parigi e il libro, appena pubblicato, riscuote un grande successo.

A Parigi lo raggiunge la notizia della morte di Constance, che per la legge è ancora sua moglie, non avendo la donna mai avuto cuore di dare seguito alle proprie minacce di divorzio. Dopo la condanna per omosessualità, Constance aveva cambiato il cognome dei due figli, Cyril e Vyvyan, da

Wilde a Holland. Dopo il 1895 Oscar non li avrebbe più rivisti, pur avendo mantenuto un costante contatto con la loro madre, a cui aveva inviato anche una copia della *Ballata*. La sua morte è un altro duro colpo per Wilde, che a questo punto ha un esaurimento nervoso e viene sopraffatto da terribili attacchi di prurito, in conseguenza dei quali il suo corpo inizia a ricoprirsi di orribili croste.

Qualche mese dopo sopraggiunge una brutta otite, forse conseguenza di una sifilide non curata. Il medico della mutua lo visita per sessantotto volte prima di capire da quale male fosse afflitto, alla fine viene operato al timpano, con la consegna di restarsene a letto a riposo. Noncurante delle raccomandazioni, dopo due giorni Wilde si alza e va al bar a farsi una bevuta di assenzio. L'assunzione di alcol peggiora notevolmente le sue condizioni di salute. Gli vengono somministrati morfina e oppio per alleviare il dolore, eppure Oscar continua a bere champagne ogni giorno a tutte le ore. L'otite peggiora e l'infiammazione arriva al cervello causando una meningoencefalite. Muore il 30 novembre 1900, in Rue des Beaux-Arts 13, a Parigi. Secondo la leggenda, le sue ultime parole, pronunciate fissando il muro dello squallido hotel in cui era finito, furono: «O se ne va quella carta da parati o me ne vado io!»

CURIOSITÀ

Nel 1859 Vyvyan, secondogenito di Oscar, pubblicò il suo libro di memorie *Son of Oscar Wilde*. Si tratta di un'opera molto tenera e sofferta nella quale si scorge il Wilde padre e uomo dietro la maschera del dandy incallito. Vyvyan rivela la sua infanzia felice, prima dello scandalo che distruggerà la sua famiglia, descrivendo Oscar come un genitore giocherellone e presente. Dopo l'arresto, come sappiamo, Constance e i due figli andranno in esilio nel continente, tagliando apparentemente i ponti con Wilde. In realtà, ci racconta Vyvyan, Constance ha sempre nutrito un affetto profondo per il marito, e non rinuncerà mai alla speranza di vederlo tornare dalla famiglia. Lo stesso Vyvyan si dice finalmente orgoglioso di essere figlio di Oscar Wilde, il grande scrittore. Una volta adulto il ragazzo incontrerà Robert Ross, uno dei più grandi amici del padre, il quale gli dirà che Wilde non aveva mai smesso di pensare ai suoi figli e di soffrire per la loro lontananza.

Amy Winehouse

Giovane cantante londinese ingerisce tutta la tavola
periodica degli elementi per entrare
nel leggendario Club 27.

Come prima di lei Jimi Hendrix, Kurt Cobain, Jim Morrison e Janis Joplin, anche Amy Winehouse fa parte dell'esclusivo quanto funereo Club 27, ovvero il «circolo» ideale che raccoglie una serie di artisti visionari, tutti morti a ventisette anni d'età. Amy è, tra tutti i personaggi di questo libro, la «sfigata» che abbiamo visto con i nostri occhi, quella che senza dubbio abbiamo più giudicato, rimanendo inorriditi e forse sorridendo davanti a tanta fragilità. La sua non è una storia di rivalsa, ma è la testimonianza di come il successo sia niente quando viene a mancare l'amore di chi ci sta intorno. In questo senso forse Amy è stata la *loser* (come dicono gli inglesi) per eccellenza. E in fondo era lei a ricordarcelo con la sua indimenticabile voce: «*Love Is a Losing Game*».

Amy Winehouse nasce il 14 settembre 1983 a Enfield, un *borough* a nord di Londra, in una famiglia ebraica. Il padre, Mitch, è un tassista e un cantante amatoriale, uno di quelli che la vigilia di Natale si sente in dovere di intrattenere gli ospiti con un Michael Bublé d'annata mentre lo zio Reginald è in coma etilico da un quarto d'ora. La madre, Janis, è una farmacista, anche lei con una certa tradizione musicale in famiglia.

Fin da piccina Amy è una bambina allegra e vivace che adora il suo papà. Quando ha appena un anno, un parente fa l'insano gesto di regalarle uno xilofono giocattolo e lei passa tutto il giorno a percuoterne la tastiera come un'indemoniata, producendo suoni melodiosi solo per i delfini e i pipistrelli. Mamma e papà la guardano inteneriti, con il cuore gonfio d'amore, mentre cercano di sopprimere quel tic nervoso all'occhio che tradisce una certa mancanza di sonno. Per vostra informazione, a pagina due del libro *I regali che nessunissimo vorrebbe (e dovrebbe) mai ricevere* (ancora inedito), gli strumenti musicali a fiato e a percussione sono al vertice della classifica dei presenti da non fare ai bambini; questo non tanto perché tamburi e trombette siano sgraditi agli infanti, che già per natura sono rumorosi e ostinati secretori di liquidi nauseabondi, quanto per preservare il sistema nervoso degli adulti.

La passione di Amy per la musica viene comunque incoraggiata dai genitori e dal fratello Alex, più grande di lei di quattro anni. A soli tre anni, mentre gli altri bam-

OGGI MI SONO MESSA I BIGOVINI

bini sbavano per hit indimenticabili come *Baby Shark*, *La casa di Topolino* e *Il Pulcino Pio*, Amy impara a completare i versi delle canzoni di Sinatra intonate dal padre durante i viaggi in auto. A cinque anni si esibisce nella vasca da bagno in una personalissima versione di *I Will Survive* di Gloria Gaynor – il vicinato fece una colletta per comprarle un Grammy purché li lasciasse dormire in santa pace.

A scuola è un po' una sfaticata, fa giusto il minimo per essere promossa. La sua migliore amica è una certa Juliette Ashby, con lei Amy fonda un piccolo duo rap chiamato Sweet 'n' Sour, che comunque aveva più dignità di un live di Young Signorino.

Quando Amy ha nove anni, Mitch e Janis divorziano; per lei è un brutto colpo, anche se cerca di non darlo a vedere. Secondo alcune testimonianze, il primo tentativo di suicidio risale proprio al periodo successivo al divorzio dei genitori. Amy si confida spesso con la nonna Cynthia, sua fan della prima ora, che la stimola a continuare con la musica e lo spettacolo. È infatti Cynthia ad accompagnarla alla sua prima audizione alla Susi Earnshaw Theatre School. In quell'occasione il pianista prende delle note troppo alte e Amy non fa proprio la figura sperata, tuttavia non si abbatte, determinata com'è a coltivare il suo sogno. A non prenderla bene però è la nonna che, intenzionata a non sfigurare davanti a schiere di genitori convinti di aver allevato la prossima Beyoncé, si scaglia contro il povero pianista con quella luce negli occhi che presagisce un omicidio con l'aggravante del vituperio di cadavere.

Nel frattempo il fratello Alex inizia Amy ai grandi della musica jazz, Thelonious Monk, Dinah Washington, Sarah Vaughan, Ella Fitzgerald; Amy è completamente rapita dal genere.

A tredici anni si iscrive da sola e senza consultare i genitori alla Sylvia Young Theatre School, una delle più note scuole inglesi dove si insegnano le discipline dello spettacolo. Qui fa una grande fatica a adattarsi alle regole dell'istituto, anzi, diciamo pure che se ne infischia altamente. Amy porta male la divisa, ha sempre una gomma in bocca, è costantemente in ritardo e inizia a farsi i primi piercing e tatuaggi. Per di più nelle materie tradizionali ha una media largamente sotto la sufficienza. Un giorno sì e l'altro pure la mandano dal preside e lei, rassegnata, non protesta ma improvvisa notevoli concerti per i corridoi intonando *Fly Me to the Moon*. Probabilmente quello è il suo modo di attirare l'attenzione su di sé, in un periodo in cui il padre era poco presente nella sua vita.

A quindici anni Amy perde la verginità con un ragazzo più grande che se la fila giusto il tempo di tirarsi su la zip. Sylvia Young, sebbene ne riconosca l'enorme talento musicale, avvisa Mitch e Janis che Amy potrebbe non essere promossa all'anno successivo. Così i genitori la trasferiscono all'istituto per ragazze Mount School di Mint Hill, dove le allieve indossano una discutibile divisa marrone.

Amy naturalmente non ha nessunissima intenzione di andare in giro vestita come un gigantesco stronzo canterino. Dopo aver evocato lo spirito di Enzo Miccio abbinando delle ballerine blu a una borsa cachi, Amy convince i suoi genitori a farle cambiare di nuovo scuola. Approda così alla BRIT School di Croydon dove, tutto sommato, riesce a mantenere una media decente. In questo periodo stringe amicizia con Tyler James, anche lui appassionato di musica e già all'inizio della carriera di cantante. I due condividono anche un'analoga situazione familiare.

In quell'anno Sylvia Young, con la quale Amy era rimasta in contatto, le procura un'audizione per la National Youth Jazz Orchestra, nella quale si esibisce per la prima volta come cantante professionista. A questo punto Tyler la convince a registrare una demo, che il ragazzo fa avere a Nick Shymansky dell'agenzia Brilliant!

Shymansky crede che lo stiano bellamente prendendo per il culo, quella non può essere la voce della sedicenne Amy Winehouse. Alla fine decide di incontrarla in un pub di Hanger Lane. Appena entrato nel locale, Nick ha lo stesso pensiero di Rocco Siffredi il primo giorno sul set: «Qui ho qualcosa di grosso per le mani». Amy è in mezzo a un gruppo di musicisti così vecchi da aver dato l'anticipo sul funerale, e fa jazz, quello vero. Il giorno dopo il capo di Shymansky, Godwyn, le propone un contratto. Amy è troppo giovane per firmare, così Mitch e Janis siglano per lei formando una piccola società. Contemporaneamente,

Amy inizia a lavorare presso l'agenzia WENN, dove scrive su una rivista dedicata al mondo dello spettacolo. Qui conosce Chris Tylor con il quale ha una relazione non proprio serena. Chris è fondamentalmente un bravo ragazzo ma mal sopporta il carattere forte di Amy, che lo comanda a bacchetta.

Dopo il lavoro lei continua la sua gavetta in diversi pub londinesi, in particolare è presenza fissa al Cobden Club dove interpreta standard jazz. Una sera si presenta sotto il palco nientepopodimeno che sua santità Annie Lennox in persona, la quale profetizza a Mitch il futuro successo della figlia.

Sul palco Amy non può rinunciare alla minigonna e ai tacchi a spillo, ormai una protesi del suo corpo visto che è alta solo un metro e cinquantotto centimetri. Chris la guarda in un angolo con un bicchiere di chianti in mano e il fegato nel piatto.

Qualche tempo dopo la Brilliant! viene rilevata dalla 19 Management, la stessa agenzia che gestisce anche le mitiche Spice Girls. Per Amy è tempo di incontrare i vertici della EMI Music per parlare del suo album di debutto. La mattina dell'incontro non si sveglia in tempo, costringendo Nick ad andare a recuperarla sotto casa. Dopo un ritardo mostruoso, Amy finalmente si fa vedere ma dichiara di non essere interessata a quisquilie come il futuro della sua carriera. Shymansky va su tutte le furie, la prende di peso e la chiude in un cassonetto della spazzatura dove promette di tenerla rinchiusa vita natural durante a meno che non cambi idea. Lei dall'interno fa un gran fracasso e grida: «Aiuto, mi vuole violentare!» per attirare l'attenzione dei passanti. Quando alla fine riescono a mettere piede negli studi della EMI, Amy saluta dicendo: «Scusate il ritardo, Nick ha appena tentato di violentarmi». Il suo senso dell'umorismo, al pari della sua voce, è leggenda.

Nel 2002 la EMI la manda a Miami Beach a lavorare col produttore Salaam Remi, è qui che nasce il suo primo album, *Frank*, che uscirà però per l'etichetta Island Records (Universal) il 20 settembre 2003. Nel mentre Amy ha infatti firmato un contratto con la Island/Universal che le fa guadagnare 250.000 sterline di anticipo. Con quei soldi va a vivere nella sua amatissima Camden Town ma non solo, inizia a spendere denari come se non fossero suoi, tanto che i genitori devono prendere il controllo delle finanze.

Amy è ossessionata dal suo fisico, prova disagio per i chili di troppo ma anche per il naso prominente e le tette piccole, che la rendono così diversa dalle pop star del momento. Stiamo pur parlando di quel periodo in cui una Britney Spears ancora nel pieno delle sue facoltà mentali provocava erezioni a destra e manca con la divisa da scolaretta e l'aria da finta ingenua intonando, per modo di dire, «*Oops, I did it again*». Certo Amy fa tutt'altra musica, e ne va orgogliosa, ma è pur sempre un'adolescente. Stando alle dichiarazioni del fratello, Alex Winehouse, Amy soffrirà di bulimia per tutta la sua vita. Prima di salire sul palco ha sempre bisogno di un piccolo aiutino per rilassarsi, che si tratti di alcol o di qualche canna. Il problema è che rilassati oggi, rilassati domani, erano più le volte che la trovavi sbronza che quelle che la trovavi sobria – non per niente «Winehouse» in inglese significa cantina.

Il singolo d'esordio *Stronger Than Me* parte maluccio raggiungendo solo la ventisettesima posizione della classifica nazionale, tuttavia l'album va molto meglio arrivando quasi in top ten. *Frank* riceve una candidatura al Mercury Music Prize mentre *Stronger Than Me* vince l'Ivor Novello Award come miglior canzone contemporanea per musica e testo. Mentre Mitch fissa una mensola dell'Ikea al muro per accogliere i premi che iniziano ad arrivare copiosi, è chiaro a tutti che Amy non sia affatto pronta a gestire la notorietà. Durante le varie interviste esibisce la stessa lucidità di Gérard Depardieu a un open bar, cosa che i giornali e le riviste di gossip non esitano a spiattellare in prima pagina. Al tempo iniziava i suoi concerti battendo le mani a tempo sullo stesso ritornello: «Le droghe pesanti sono per i fessi»; a pensarci adesso è come se un leghista cantasse l'*Inno di Mameli* avvolto nel Tricolore... Ah già, questo è successo davvero.

Sia come sia, Amy è al settimo cielo per i successi ottenuti ma la 19 non vuole far uscire *Frank* negli Stati Uniti, ritenendolo un album ancora troppo acerbo. I vertici della casa discografica le stanno alle costole per un secondo disco, ma lei non si sente per niente pronta. Le sue canzoni sono tutte autobiografiche e devono scaturire dalla vita vissuta, non può tirare su un nuovo album a tavolino. I concerti iniziano a scarseggiare e la sua carriera, così promettente, subisce uno stallo. Cosa che preoccupa tutti tranne lei: Amy esce, si diverte e fregacazzi se i fan vogliono ascoltare qualcosa di nuovo. Poi un giorno, dopo uno spettacolo, è talmente ubriaca che cade e picchia la testa così forte da dover essere portata in ospedale. I suoi manager vorrebbero mandarla in un rehab ma il padre, Mitch, sdrammatizza la situazione, anche perché Amy si oppone con tutte le sue forze. Ma Nick è inamovibile e la obbliga a fare almeno una settimana in un centro di recupero nel Surrey. Amy fa le valigie e parte, ma dopo tre ore è di nuovo a casa a farsi uno spritz.

Di lì a breve muore improvvisamente la nonna, Cynthia, una figura centrale nella sua vita. A causa del lutto, il fratello Alex entra in depressione mentre Amy si ritrova sempre più spesso col tasso alcolemico dell'Irlanda del Nord. A questo periodo risale l'inizio della relazione con quella suprema testa di cazzo di Blake Fielder-Civil. Al tempo lui è fidanzato, lei è innamorata cotta. I due si chiudono nell'appartamento di Amy a farsi, lui di cocaina e lei di marijuana: da qui il celebre verso di *Back to Black*, «*you love blow and I love puff*» (*blow* in slang sta per «tirare cocaina» e *puff* significa «boccata», di fumo ovviamente). Amy perde dieci chili in poco più di un mese, ha un aspetto stravolto, sembra una Bratz che ha fatto un frontale con un tir in tangenziale.

Inizia a disertare le riunioni con la 19 Management, della quale è scontenta e delusa sia per il master di *Frank* sia per il mancato esordio negli Stati Uniti. In diverse interviste Amy dichiara di non aver mai ascoltato quell'album dall'inizio alla fine, lo considerava un disastro. Alla fine decide di cambiare manager in favore di Raye Cosbert.

Intanto Amy scopre che Blake si vede ancora con la sua ex e lo lascia, facendo tirare un sospiro di sollievo a tutti. Inizia allora una nuova relazione con un tale Alex, finalmente un tipo sobrio, uno di quelli che porta ancora le mutande a lavare a casa della mamma, il quale tutto sommato ha una buona influenza su di lei. Amy firma con la Metropolis e vola a New York, dove inizia a collaborare con Mark Ronson per il nuovo album. È Mark a tirare fuori il leggendario riff di pianoforte di *Back to Black*. L'album omonimo esce nell'ottobre del 2006 e vende settantamila copie solo nelle prime due settimane. Per la promozione Amy cambia look, rivolgendosi a Edward Mani di Forbice che grazie ai potenti mezzi delle sue lame le impaglia la testa nell'iconica cofana, a metà tra un alveare e il bagagliaio di una Passat. Magra com'è diventata, con quel testone voluminoso sembra uno di quei pupazzetti con la capoccia dondolante che negli anni Ottanta spopolavano sui cruscotti delle macchine.

Poche settimane prima dell'uscita di *Back to Black*, poiché Alex si ostina a mantenere una fedina penale pulita, Amy lo lascia e torna con Blake. È paradossale come l'album più venduto in Inghilterra nel Ventunesimo secolo sia dedicato all'uomo che più di ogni altro ha contribuito a distruggere Amy. I due finiscono sui giornali con una frequenza che farebbe invidia ai fratelli Rodriguez. Quando non vengono pizzicati ubriachi e strafatti in qualche locale, i paparazzi, che ormai sono accampati davanti all'appartamento della Winehouse con tanto di plaid e servizio da tè, li immortalano in mezzo alla strada durante le loro furiose litigate. Amy è ormai passata dalla cannabis alle droghe pesanti: cocaina, crack, MDMA, nominate un elemento qualsiasi della tavola periodica e lei l'ha ingerito.

Per la promozione dell'album il suo manager le procura un'ospitata in un famoso quiz televisivo, al quale Amy si presenta palesemente fatta di crack, infastidendo il conduttore che le fa notare in diretta il suo problema di dipendenza dalle droghe. Qualche settimana dopo Amy e Blake si sposano senza dire niente a nessuno. Nell'agosto del 2007 lei ha il suo primo collasso. La portano in ospedale, dove a stento acconsente a vedere i suoi genitori. È ormai chiaro che Blake tenta di isolarla, mettendola contro suo padre che, a suo dire, vuole rubarle tutti i soldi. Dopo l'episodio Blake ed Amy vanno in viaggio di nozze in una comunità di recupero, giacché lei da sola non accenna a schiodare. L'operazione è un fallimento completo, gli amici di Blake riescono a far arrivare delle droghe nell'istituto e dopo due settimane i piccioncini scappano. Mitch allora chiede aiuto alla famiglia di Blake, che si rivela utile come i peli del kiwi.

I genitori di Blake sostengono infatti che il problema sia la carriera di Amy, che la mette sotto pressione e provoca delle tensioni tra lei e il loro figlio. A una certa Georgette, la mamma di Blake, rilascia anche un'intervista alla radio in cui invita gli ascoltatori a non comprare i dischi di Amy, perché il successo la spingerebbe ancora di più verso la sua dipendenza.

Sotto consiglio di Blake, Amy si rifiuta di andare in America per lavorare di nuovo con Salaam Remi, il produttore di *Frank*, che la ragazza ha sempre stimato sopra chiunque altro. Intanto inizia il tour europeo e nonostante i tentativi della famiglia di Amy e dei suoi manager, Blake si accolla come un pidocchio alla parrucca di Maria Antonietta. Il giorno della partenza Raye li trova fatti e con le facoltà cognitive di due Teletubbies nell'appartamento di Camden, tanto che perdono il volo per la tappa iniziale. I primi concerti sono comunque un successo, Amy ha qualche cedimento, ma Blake è sempre al suo fianco come un esattore di Equitalia, pronto a rincarare la dose, è il caso di dire.

Tornati a Londra, Blake viene arrestato e Amy fa una scenata degna del videoclip di un neomelodico napoletano contro gli agenti della polizia. Si lancia contro la volante e invoca la liberazione del marito, addosso ha i segni delle botte e della dipendenza. Qualche giorno dopo Georgette e il padre di Blake irrompono nel suo appartamento chiamandola cagna e accusando Amy e Mitch di aver tradito

Blake. Ne nasce una rissa in pieno stile spaghetti western, e anche questa finisce su tutti i giornali. I tabloid inglesi avrebbero dovuto staccare un assegno ad Amy per tutte le copie che la *bad girl* gli aveva fatto vendere.

Con Blake fuori dagli zebedei è meno complicato per i genitori di Amy e per Raye ricondurla sulla strada della disintossicazione. Amy parte per una vacanza nell'isoletta caraibica di Santa Lucia con alcuni amici, alla fine ci resta per circa tre mesi e mare, sole, esercizio fisico e relax sembrano funzionare meglio dei troppi *rehab* che aveva già frequentato. Amy finalmente è pulita e quando torna in Inghilterra lo annuncia a tutti, rilascia interviste in cui parla della sua determinazione a ripulirsi e cambiare vita. Per qualche giorno dura, ma poi ci ricasca. Il 2008 insomma è l'anno dell'«adesso smetto davvero», frase che ha lo stesso grado di credibilità di «da lunedì dieta e palestra». D'altra parte, una volta tornata a Londra Amy non manca un appuntamento in carcere con Blake, e le notti le passa spesso con gli amici di lui; farla smettere di drogarsi è come chiedere a un pizzaiolo di tagliare i carboidrati. Flotte di pusher si aggirano come zanzare intorno al suo appartamento, dove i paparazzi non aspettano altro che il prossimo scandalo. Ogni quarto d'ora un giornalista si fa vivo con Raye sostenendo di essere in possesso di foto comprometenti della Winehouse: Amy che fuma crack, Amy che gattona in un pub sfatta come un quadro di Kandinskij, Amy che finisce la carta igienica e non sostituisce il rotolo, Amy che stacca la chiavetta usb senza prima fare la rimozione sicura dell'hardware. Quando non c'è niente da dire, se lo inventano, ma qualcosa in effetti c'è quasi sempre. La 19 Management comunica allora a Amy che in quelle condizioni non la faranno esibire né a Cannes, né ai Grammy né ai BRIT Awards, e già che ci siamo manco sotto la doccia. A una certa le arriva pure la notizia del suo imminente arresto per possesso di droghe. All'origine c'è l'invio al *Sun* di un video scottante che mostra la cantante mentre fuma crack. Come si scoprirà, il video era stato venduto al giornale inglese da alcuni «amici» di Blake. A Amy non resta altro che ricoverarsi in clinica per sfuggire alla prigione.

Continua a sentire Blake, promettendogli che appena sarà fuori lo aiuterà a ripulirsi. Le cose sembrano iniziare ad andare meglio, almeno fino a quando qualcuno non introduce della cocaina in clinica, nascosta all'interno di un orsetto di peluche. A questo punto Amy ha una piccola ricaduta ma, fortunatamente, è di nuovo nelle condizioni di potersi esibire. La sua performance ai Grammy, il 10 febbraio 2008 è leggendaria: la cantante porta a casa ben cinque statuette.

Prima dei BRIT Awards però torna al crack, e infatti sul palco canta *Love Is a Losing Game* tutta tremante e sudata, come in preda a una colica. Il problema è che le canzoni di *Back to Black* la deprimono, le ricordano troppo intensamente la relazione tossica con Blake. Tu magari potrai pure canticchiarle mentre fai le frittelle di zucchine e dalla finestra arriva il dolce garrito delle rondini, ma per Amy sono pezzi sofferenti di vita vissuta. Alla fine decide di disintossicarsi a casa assumendo il Subutex, un farmaco per la terapia sostitutiva. Il padre assume due guardie del corpo che la tengano lontana dai guai e due infermiere grosse come Schwarzenegger che devono assicurarsi che Amy faccia la terapia. Lei, dal canto suo, non riesce a rimanere pulita per le ventiquattro ore necessarie per prendere il farmaco. Al padre continua a chiedere notizie sui suoi soldi, un chiaro segno che Blake dal carcere le sta facendo pressioni. I Civil infatti sono come l'Agenzia delle Entrate, si fanno vedere solo quando ci sono denari da chiedere.

Il legame che tiene Amy stretta al marito sembra indissolubile, eppure col tempo qualcosa cambia. Quando Mitch le fa vedere alcuni messaggi di Blake in cui il ragazzo si dimostra interessato solo al suo conto in banca, lei si rifiuta di pagargli le spese per la disintossicazione. Allora lui inizia a fare il tour dei salotti televisivi, e a favore di telecamere si prende coraggiosamente tutta la responsabilità di aver avvicinato la moglie alle droghe e annuncia che, per il bene di Amy, vuole chiedere il divorzio. In realtà, per «bene di Amy» intendeva «assegno di mantenimento». Ma non è finita qui. Qualche settimana più tardi Blake scappa dalla riabilitazione per rifugiarsi a casa di Amy portando con sé una busta di cocaina. Avvisato dalla guardia del corpo, Mitch si precipita nell'appartamento e accompagna Blake a calci per le scale del palazzo. Amy per fortuna non ha ceduto alle lusinghe della droga, la sua forza di volontà per una volta è stata più forte.

Dopo l'ennesimo viaggio a Santa Lucia con gli amici, grazie alla terapia farmacologica, Amy sembra davvero essersi ripulita. Acconsente addirittura a lasciare Camden per spostarsi in un altro appartamento. Le droghe pesanti non le interessano più ma, come per il papa, smesso un vizio se ne fa un altro: ed eccola legata mani e piedi all'alcol, già sua vecchia conoscenza.

Nel 2009 Amy torna con Blake, i giornali scommettono su un nuovo matrimonio, ma Amy ne ha abbastanza di vederlo bucarsi. Stavolta non dura, finalmente lei lo lascia davvero, o così pare. Inizia una relazione con Reg Traviss, regista, alto, bello, ragazzone per bene. Finalmente un bravo ragazzo, urlano i tabloid. In effetti Reg è un tipo equilibrato che cerca di prendersi cura di lei; mentre sta con lui Amy dice addirittura di volere un figlio, ma non basta questo rapporto a farle trovare un equilibrio sempre inseguito. Intanto però torna a lavorare con Remi e Ronson al nuovo album e progetta il tour nell'Est europeo. Sembra davvero che stia uscendo fuori dal tunnel, ma è solo un'impressione. Si ristabilisce nel suo vecchio appartamento e passa le giornate tra i pub e la London Clinic. Quelli del pronto soccorso ormai non le chiedono nemmeno più le generalità. «Chi abbiamo qui?» «Il solito. Amy Winehouse in coma etilico.»

Un giorno Mitch, per pura fortuna, arriva nel suo appartamento e la trova in crisi respiratoria e a un passo dalla morte. Nel delirio della sbronza Amy dice al padre di non volere che venga messo in commercio il profumo col suo nome, poiché la cosa minerebbe la sua reputazione. Una preoccupazione sensata, venendo da una che aveva vomitato addosso a tutti gli abitanti di Camden Town e tirato testate a metà dei paparazzi di Londra.

Estate 2011. Al momento della partenza per il tour nell'Est europeo Amy è tormentata, cambia idea diverse volte e si decide a partire solo per via delle salatissime penali che avrebbe dovuto pagare se avesse fatto saltare le date. Sul palco di Belgrado si esibisce completamente ubriaca, è un disastro: ventimila spettatori assistono allibiti allo spettacolo di lei che canticchia con voce impastata, non ricorda i testi delle sue canzoni, né i nomi dei componenti della sua band, e ha pure qualche dubbio sul proprio. Il pubblico fischia e rumoreggia, i giornali finiscono l'opera di distruzione attaccando la sua famiglia e le persone alle quali vuole bene.

Torna così a Londra e per un periodo di circa due settimane riesce a rimanere sobria, almeno così si legge nella biografia su Amy scritta da Mitch Winehouse. Il 22 luglio 2011 entra in una sala da biliardo di Camden e ordina al barista di non servirle assolutamente da bere. Quello dallo spavento cade dallo sgabello.

Viene ritrovata morta il giorno seguente nel suo appartamento. Aveva ventisette anni. Le analisi non rilevarono tracce di sostanze stupefacenti nel sangue, ma una quantità di alcol cinque volte superiore a quella consentita per mettersi alla guida. Non abbastanza, comunque, da causarne la morte. Si ipotizzò che il decesso di Amy Winehouse fosse riconducibile a uno shock chiamato «stop and go», causato dall'assunzione di una grande quantità di alcol dopo un periodo di lunga astinenza.

Il 5 dicembre 2011, a pochi mesi dalla sua scomparsa, verrà pubblicato *Lioness: Hidden Treasure*, una raccolta di inediti e cover a cui Amy Winehouse stava lavorando prima di morire. Le dodici tracce sono tesori nascosti che probabilmente Amy non avrebbe considerato ancora pronte per essere date in pasto al pubblico. Eppure *Lioness* debutta al numero uno della UK Album Chart con oltre centonovantamila copie vendute la prima settimana, al numero cinque della Billboard 200 americana e viene certificato a velocità della luce doppio disco di platino, vendendo complessivamente oltre un milione di copie nella sola Europa entro la fine dell'anno. Bel colpo, per una *loser*.

CURIOSITÀ

Love Is a Losing Game, una delle canzoni più sofferte di Amy, è stata la prima traccia a essere mixata per l'album *Back to Black*. Mark Ronson ha ricordato, in un'intervista al magazine *Mojo*, l'agitazione che aveva sperimentato in quell'occasione. Sapeva che quell'album era il tormentato frutto delle infinite tribolazioni amorose di Amy e ci si era accostato quasi con reverenza, timoroso di rovinarne lo spirito. Preoccupazioni infondate, evidentemente. Dopo aver ascoltato il mix in studio Amy abbracciò Mark e gli disse: «La amo. Togli solo quell'arpa dopo il secondo verso. Sembra una di quelle stronzate che canterebbe Mariah Carey».

Virginia Woolf

Una giovane intellettuale lotta per i diritti delle donne
e degli omosessuali con circa un secolo di anticipo
e prima che andasse di moda farlo.

Virginia Woolf è, sotto certi aspetti, il Giacomo Leopardi in gonnella d'oltremanica. La sua è stata una delle menti più tormentate del Novecento, la testimonianza che il «mainagioia» non conosce confini e non fa distinzione di genere. E questo è quanto.

Come sempre, per capire al meglio un personaggio di così grande spessore, bisogna inquadrare il periodo storico e fare come il Pil del nostro Paese: un piccolo passo indietro. Siamo a cavallo tra gli ultimi anni dell'Ottocento e i primi decenni del Novecento, un periodo storico di grande fermento e rivoluzioni. A Parigi e in tutta Europa si parla di Belle Époque, tutto sembra fiorire, proliferare e abbellirsi portando il dono di un'inaspettata pace e diffuso benessere – tanto che, armati dalla consueta sfiducia nel genere umano, viene da chiedersi se tale epoca sia realmente esistita o se, più probabilmente, non sia stata un trip mentale causato da una nube di Xanax che aveva sorvolato l'Europa per una quarantina d'anni. Sia come sia, godiamocela, almeno nel ricordo. In quegli anni Freud incanta con le sue tesi, somministrando cocaina ai suoi pazienti e attribuendo la causa di qualunque disturbo a una cotta mai superata per la propria madre. Si diffondono l'elettricità, la radio, le prime automobili. Tutto questo piacevole fermento terminerà presto con lo scoppio della prima guerra mondiale, perché a noi, starcene in panciolle senza nemmeno quel briciolo di morte e disperazione che ci ravviva l'esistenza, fa schifo.

Proprio nel contesto storico della Belle Époque si conoscono due vedovi benestanti: lei è la bellissima Julia Prinsep Jackson Duckworth, con tre figli all'attivo: George, Stella e Gerald Duckworth. Lui è l'allora celebre letterato e filosofo Leslie Stephen, che in prime nozze aveva sposato la figlia di Thackeray, l'autore della *Fiera delle vanità*, e da lei aveva avuto il piccolo George. Non contenti di tante bocche da sfamare, gli sposini decidono di raddoppiare mettendo al mondo altri quattro figli: Vanessa, Thoby, la nostra Virginia e Adrian.

Come tradizione borghese vuole, l'allegra famigliola vive la propria esistenza dividendosi tra la magione londinese al civico 22 di Hyde Park e la dimora al mare in Cornovaglia, la regione a sud-ovest della Gran Bretagna famosa per via del suo duca, Carlo d'Inghilterra. Lo stesso che dal 6

GUARDA UN PO' QUANTO CI È COSTATA 'STA GITA AL FARO!
BOLLETTA LUCE

febbraio 1952 attende paziente che Harry Potter distrugga l'ultimo Horcrux, responsabile dell'immortalità di sua madre, la regina Elisabetta.

Le dimore degli Stephens erano salotti letterari molto ben frequentati: tra gli amici di famiglia figuravano infatti nomi come Henry James e Thomas Stearns Eliot. Tuttavia, a causa della rigida morale vittoriana, a Virginia e alla sorella Vanessa viene negata un'istruzione regolare, diversamente dai fratelli. Poi qualcuno ancora si stupisce del divario di stipendi tra uomini e donne del nuovo millennio. Le due sorelle studiano quindi in casa, apprendendo le materie letterarie dalla madre e quelle scientifiche dal padre. La preadolescenza di Virginia passa quindi col tipico ritmo soporifero di un telefilm tedesco mandato in onda nel primo pomeriggio su Rete 4. Poi, a tredici anni, Virginia vive una serie di tragici avvenimenti che segneranno la sua psiche, già per natura stabile come la situazione in Medioriente.

Nel 1895, in seguito a una grave forma di influenza, muore la madre. Questo primo lutto colpisce così a fondo Virginia che in futuro ogni sua crisi di nervi verrà anticipata da uno stato influenzale. Al contempo i fratellastri George e Gerald iniziano a provare un morboso interesse sessuale verso lei e Vanessa. Alcune fonti sostengono che la scrittrice, già dai dodici anni di età, abbia subito diversi e ripetuti abusi per mano dei Duckworth.

Nel 1897, appena due anni più tardi, muore la sorellastra Stella, che in casa aveva sostituito la figura materna.

Virginia, che ha quindici anni e insieme a Vanessa è stata finalmente ammessa a studiare greco, latino, tedesco e storia nel dipartimento femminile del prestigioso King's College di Londra, affronta una crisi depressiva dopo l'altra. Gli psichiatri profumatamente pagati dal padre non sanno che pesci pigliare e danno la colpa alla familiarità: il padre di Virginia soffriva infatti di pessimismo cupo, che è un po' quel sentimento che ti pervade quando, dopo una settimana di riso in bianco e petto di pollo, pesi ancora come un cucciolo di orca assassina. Pare soffrisse di depressione anche il nonno paterno della Woolf, e che un cugino, sempre per parte di padre, fosse morto in una casa di cura dopo aver sviluppato una grave paranoia. Più che un albero genealogico, quello di Virginia sembra il citofono di un istituto di igiene mentale.

Come se non bastasse, dopo la morte di Stella anche il padre si ammala: cancro. La sua sarà un'agonia lunga e tormentata che troverà fine solo nel 1904. Mentre Vanessa sarà quasi sollevata dalla morte di quel padre che le aveva praticamente recluse tra i centrini di pizzo insieme a Elisa di Rivombrosa, Virginia ne rimarrà molto angosciata. Il legame tra le due sorelle risentirà del diverso modo di vivere quell'esperienza.

Venuto a mancare il padre, i quattro fratelli Stephen decidono di vendere la cupa casa di High Park dove tanti lutti li hanno colpiti, e si trasferiscono nel quartiere bohémien di Bloomsbury. Hanno tutti età comprese tra i venti e i ventiquattro anni, finalmente si sono liberati dalla presenza incombente dei due Duckworth – entrambi non esattamente candidati al premio «fratellastro maggiore dell'anno» –, vivono nel cuore di una Londra intellettualmente frizzante. Cosa volete che facciano, se non organizzare feste? In effetti, se state pensando a selvaggi festini affollati di universitari sbronzi con la testa nel water, siete fuori strada. Thoby però frequentava il Trinity College a Cambridge e aveva un discreto giro di amici intellettuali, che ogni giovedì iniziarono a riunirsi a casa degli Stephen per una serata di ben educate frivolezze. In un primo momento gli astanti sono restii alla presenza delle due sorelle, ma devono ricredersi presto. Vanessa e Virginia sono due donne fuori dal comune, nonché abili conversatrici. La prima, bella e affascinante, ama dipingere; la seconda, carismatica e di gran talento, ama scrivere, tanto da arrivare a collaborare con il *Times* nel 1905. Da questi incontri nella casa di Gordon Square nasce il Bloomsbury Group, un circolo culturale che influenzerà per decenni la Londra dell'epoca e di cui faranno parte anche il futuro scrittore E.M. Forster e il futuro economista John Maynard Keynes.

Al Bloomsbury tutti sono ben accetti, purché si lavino le ascelle, e ogni idea è ascoltata e discussa. Chiunque può partecipare alle riunioni, indipendentemente dal sesso o dall'orientamento sessuale. Anche l'atmosfera è molto libertina, ad esempio la fornicazione tra i membri del club è libera. La stessa Virginia ha relazioni intime con Violet Dickinson, Vita Sackville-West ed Ethel Smyth, e con «relazione intima» non stiamo di certo suggerendo che si siano scambiate il Chilly. Tramite suo fratello Thoby Virginia conosce uomini illustri come Bertrand Russell, Ludwig Wittgenstein e Leonard Woolf. Quest'ultimo, anche lui scrittore, diventa suo marito nel 1912. Virginia è anche molto impegnata nel sociale. La sera dà ripetizioni alle operaie e si avvicina alle suffragette, un movimento d'emancipazione femminile che aveva come obiettivo principale il diritto di voto per le donne.

Nel 1910 inizia a scrivere il primo romanzo, *La Crociera*: l'opera ha una gestazione complessa e viene data alle stampe solo nel 1915. In questo periodo i disturbi psichici di Virginia si fanno risentire più forti che mai, portandola a un tentativo di suicidio. Per cercare di risollevarla, Leonard la porta a vivere a Richmond, quartiere londinese rinomato all'epoca per essere vivace come un cimitero il 2 novembre. Leonard acquista un piccolo torchio tipografico che avrebbe da una parte tenuto impegnata Virginia, e dall'altra le avrebbe permesso di poter stampare le proprie opere. Quello che nessuno si aspetta è che da quel torchio, nato come piccolo diversivo, nascerà ben presto una casa editrice affermata, la Hogarth Press, che nel corso della sua attività pubblicherà, oltre alla Woolf, autori del calibro di Italo Svevo, T.S. Eliot, Sigmund Freud e, nel 1933, anche Mussolini. Proprio lui, sì, il Benito nazionale.

Nonostante le buone intenzioni di Leonard la malattia non dà pace a Virginia, che sembra aver ingoiato tutto il manuale dei disturbi mentali, ogni giorno ne ha una. Probabilmente la scrittrice era affetta da un disturbo bipolare a cui, negli ultimi tempi, si aggiunse una psicosi maniaco-depressiva, malattia che i dottori dell'epoca non sapevano nemmeno come si scrivesse. La terapia più accreditata consisteva in un po' di riposo, una vita sociale blanda e una dieta ricca di grassi. In pratica, gelatino, partita tressette e passa tutto.

Ma la «fortuna» della Woolf non finisce qui: il dottore che l'aveva in cura, George Savage, è un fervente sostenitore alla dottrina chiamata «dell'infezione focale», secondo cui le malattie mentali sono causate da un'infezione dentale. Così, un bel giorno del giugno del 1922, Savage le estrae tre denti sanissimi. Ovviamente Virginia non ne trae nessun giovamento, per di più deve iniziare a indossare una dentiera.

Nel 1925 esce *La signora Dalloway* e due anni dopo, nel '27, il suo capolavoro: *Gita al faro*. In *La signora Dalloway* è evidente l'influenza di Joyce e del suo *stream of consciousness* o flusso di coscienza, una particolare tecnica narrativa della quale lo scrittore si serve per dare libero sfogo ai pensieri, mettendoli nero su bianco così come si susseguono nella sua mente, a volte senza punteggiatura o nesso logico. In pratica per leggere un periodo con un paio di subordinate rischi di giocarti un polmone. Potete osservare un esempio molto grezzo dell'uso del flusso di coscienza nei commenti della pagina Facebook di *Uomini e Donne*. Vi accorgerete che il problema lì non è tanto lo *stream* (il flusso) quanto la *consciousness* (la coscienza). Un altro valido esempio di *stream of consciousness*, con l'aggravante dell'infamia, è rappresentato dalla voce della pubblicità di giochi d'azzardo e lotterie, quella che ti informa allegramente e in tutta fretta che *questo gioco è vietato ai minori e può causare dipendenza patologica, distruggere la vostra famiglia, ridurvi sul lastrico e provocare la morte per via traversa di una cucciolata di tenerissimi dalmata*. Dopo questo tristo sipario, torniamo alla nostra ancor più triste storia.

Virginia, nonostante sia preda delle sue turbe mentali, non rinuncia al tema sociale nemmeno nelle sue opere. Nel celebre saggio *Una stanza tutta per sé* (1929) traccia la storia delle grandi autrici della letteratura, affermando che «una donna deve avere soldi e una stanza tutta per sé per poter scrivere», e soprattutto nessun uomo che le chieda in continuazione dove sono riposte le proprie mutande. La proposta di Virginia è quella di una mente androgina che si liberi dal dualismo che oppone maschile al femminile. Dire che era anni luce avanti è poco.

Nel 1928 vede la luce *Orlando*, l'immaginaria biografia di un uomo vissuto per oltre trecento anni; aveva fatto l'asilo con la regina Elisabetta. *Orlando* è il primo romanzo della Woolf a presentare una struttura narrativa intricata, che si sviluppa su una linea temporale che coinvolge quattro secoli. Il protagonista è un giovane uomo dall'aspetto androgino, che per i primi cent'anni di vita riesce a realizzare il sogno dell'eterna giovinezza senza ricorrere al chirurgo plastico delle star di Hollywood. Dopo mesi di sonno si risveglia nel corpo di una donna, infatti la prima cosa che fa è cambiare le lenzuola. Sotto questa nuova forma rimane fino al giorno della sua morte. *Orlando* è un poema d'amore dedicato a Vita Sackville-West, poetessa famosa per la sua trasgressività.

Negli anni Trenta le crisi depressive di Virginia diventano sempre più frequenti e lunghe, l'ansia e gli sbalzi d'umore tipici della sua malattia vengono acutizzati dallo scoppio della seconda guerra mondiale. Per cercare di risollevare la sua salute e scappare dalle bombe che ormai piovono su Londra come cacche di piccione il giorno in cui hai lavato la macchina, Leonard e Virginia si trasferiscono alla Monk's House, la loro tenuta di campagna.

Nell'estate del 1940 la Woolf pubblica il suo ultimo scritto, *Tra un atto e l'altro*. Il 28 marzo 1941 si dirige verso il fiume Ouse e, dopo aver abbandonato il bastone e il cappello sulla riva, si riempie le tasche di sassi come Jovanotti e si lascia annegare nel fiume.

Queste sono le ultime tre righe del biglietto che lasciò al marito prima dell'insano gesto: «Se qualcuno avesse potuto salvarmi, saresti stato tu. Tutto se n'è andato da me tranne la certezza della tua bontà. Non posso continuare a rovinarti la vita. Non credo che due persone possano essere state più felici di quanto lo siamo stati noi».

CURIOSITÀ

Virginia fu una delle protagoniste della burla passata alla storia come la «beffa del *Dreadnought*», uno scherzo organizzato nel 1910 dal poeta Horace de Vere Cole per deridere l'imperialismo britannico. Horace aveva convinto la Royal Navy a organizzare un ricevimento sulla corazzata HMS *Dreadnought*, in occasione della fantomatica venuta dei reali di Abissinia. Questi ultimi altri non erano se non alcuni intellettuali del Bloomsbury Group, tra cui Virginia Woolf e il fratello Adrian. Il gruppo fu ricevuto con grandi onori, destando l'attenzione di tante alte cariche della Marina. Durante la visita, ogni qualvolta l'ammiraglio mostrava ai falsi dignitari ciascuno dei potenti cannoni della corazzata, questi si fingevano impressionati esclamando: «Bunga, bunga!» che di per sé non voleva dire niente, era solo un modo per prenderli per il culo. Lo scherzo divenne in poco tempo di dominio pubblico e, mentre l'intera Inghilterra rideva dei suoi ufficiali di Marina, fioccavano le interrogazioni parlamentari sull'accaduto. Alla fine la Royal Navy, per evitare di fare ulteriore pubblicità a Horace e ai suoi, decise di optare per una punizione puramente simbolica. I partecipanti allo scherzo, fatta eccezione per Virginia, ricevettero la visita degli ufficiali di Marina che li colpirono sulle natiche nude con una verga.

Gli Autori

Francesco Dominelli, grande appassionato di libri e di cinema, coltiva entrambe le sue passioni sul sito di approfondimento tuttacolpadelleparole.it. Nel web ha collaborato con le pagine di maggiore successo di Facebook Italia come autore di contenuti e ideatore di campagne di advertising per brand. Attualmente opera nel campo del digital marketing a Milano come social media manager e consulente editoriale.

Alessandro Locatelli, classe 1994, è stato testimone della nascita dell'era dei meme e delle pagine Facebook, facendosi promotore delle iniziative più virali dei social network. Oltre alla passione per la lettura e la scrittura, Alessandro coltiva quella per la storia. Nel 2016 ha pubblicato il romanzo *Lasciate ogni speranza voi che taggate*, una versione parodistica dell'*Inferno* dantesco in salsa Zuckerberg. Attualmente lavora in una web agency di Milano come social media & marketing manager.

Hanno creato la pagina Facebook «Se i social network fossero sempre esistiti» nel 2014. La pagina trasporta le grandi personalità del passato nel presente e le fa confrontare con temi e problemi attuali, con risultati esilaranti. Dopo le prime due settimane di attività il profilo era già seguito da oltre mezzo milione di fan. Oggi i follower sono un milione e quattrocentomila. Il loro primo libro, *I grandi classici riveduti e scorretti*, è stato pubblicato da Longanesi nel 2018.

Indice

Introduzione   9

Charles Bukowski	13
Michelangelo Merisi, detto il Caravaggio	25
Anton Cechov	40
Charlie Chaplin	52
Giovanna d'Arco	64
Frida Kahlo	78
Giacomo Leopardi	95
Antonio Ligabue	107
Freddie Mercury	121
Marilyn Monroe	143
Giovanni Pascoli	160
Cesare Pavese	173
Edgar Allan Poe	186
Mary Shelley	197
Nikola Tesla	209
Alan Turing	220
Vincent Van Gogh	236

Oscar Wilde 253
Amy Winehouse 265
Virginia Woolf 285

Gli Autori 297

La pagina Facebook
SE I SOCIAL NETWORK
FOSSERO SEMPRE ESISTITI
presenta:
I GRANDI CLASSICI RIVEDUTI E SCORRETTI

Un libro per chi ama i libri e la cultura classica,
un *divertissement* colto e scritto con garbata ironia
dai creatori di una delle più folte community di tema
letterario e culturale di Facebook, la pagina
Se i social network fossero sempre esistiti,
seguita da circa un milione e quattrocentomila utenti.
Con piglio ironico e irriverente – ma anche con scrupoloso
spirito di divulgazione – questo bignami letterario
racconta 50 tra i più bei libri di ogni tempo e si diverte
a contaminare classico e pop, antico e moderno.
Una lettura utilissima per quegli studenti che rischiano
di morire di sonno ogni volta che aprono un Classico,
ma anche un piccolo piacere imperdibile per adulti
e insegnanti, il regalo perfetto per tutti gli appassionati
di letteratura.

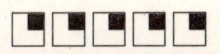

LONGANESI

Questo libro è stampato col sole

Azienda carbon-free

Fotocomposizione:
Nuovo Gruppo Grafico s.n.c. - Milano

Finito di stampare
nel mese di dicembre 2019
per conto della Longanesi & C.
da Grafica Veneta S.p.A.
di Trebaseleghe (PD)
Printed in Italy